MARIO SERGIO CORTELLA
YVES DE LA TAILLE

NOS LABIRINTOS DA MORAL

PAPIRUS 7 MARES

Capa	Fernando Cornacchia
Fotos (orelhas)	Gigi Kassis e Almir Cândido de Almeida
Coordenação e edição	Beatriz Marchesini
Diagramação	DPG Editora
Revisão	Solange F. Penteado, Taís Gasparetti e Thiago Villela Basile

Dados Internacionais de Catalogação na Publicação (CIP)
(Câmara Brasileira do Livro, SP, Brasil)

Cortella, Mario Sergio
Nos labirintos da moral/Mario Sergio Cortella, Yves de La Taille. – 11ª ed. ampl. – Campinas, SP: Papirus 7 Mares, 2017. – (Coleção Papirus Debates).

ISBN 978-85-9555-006-3

1. Educação – Filosofia 2. Educação – Finalidades e objetivos 3. Educação moral 4. Psicologia educacional 5. Valores (Ética) I. La Taille, Yves de. II. Título. III. Série.

17-06881 CDD-370.114

Índices para catálogo sistemático:

1. Educação em valores	370.114
2. Valores éticos: Educação	370.114

1ª Reimpressão – 2018

Exceto no caso de citações, a grafia deste livro está atualizada segundo o Acordo Ortográfico da Língua Portuguesa adotado no Brasil a partir de 2009.

R. Barata Ribeiro, 79, sala 316 – CEP 13023-030 – Vila Itapura
Fone/fax: (19) 3790-1300 – Campinas – São Paulo – Brasil
E-mail: editora@papirus.com.br – www.papirus.com.br

SUMÁRIO

N.B. Na edição do texto foram incluídas notas explicativas no rodapé das páginas. Além disso, as palavras em **negrito** integram um **glossário** ao final do livro, com dados complementares sobre as pessoas citadas.

Prefácio

O que dizer no Prefácio de um livro do qual se é um dos autores? É a pergunta que me faço neste exato momento em que começo a escrevê-lo para uma nova edição de *Nos labirintos da moral.*

Nunca fiz isso antes!

Escrevi prefácios, sim, mas para outros autores, e sempre tive uma ideia razoavelmente clara do que fazer. Exemplos: Trata-se de uma obra clássica? É claro que o Prefácio deverá situar a obra no tempo e no espaço, situá-la também na obra do seu autor, ponderar a sua reconhecida relevância no cenário intelectual e científico, e propor ao leitor algumas ideias novas a respeito do tema. Trata-se de um autor ainda desconhecido que publica seu primeiro livro? O Prefácio deverá apresentar o autor ou a autora e sua possível relação com o prefaciador. Deverá também defender a relevância do texto (do contrário, recusar-se-ia a tarefa), mesmo que, aqui e ali, se apontem algumas carências menores. Trata-se da tradução de um livro de um autor ainda desconhecido por aqui, mas com reconhecimento no seu país de origem? O Prefácio deverá explicar tal reconhecimento, situar o autor na sua área de conhecimento e, como no caso dos novos autores, defender a qualidade e a relevância do texto.

Mas em se tratando de si mesmo? De um livro seu? Fico pensando...

Bom, imagino que situá-lo no espaço e no tempo não seja tempo perdido. No espaço: *Nos labirintos da moral* trata de um diálogo entre mim e Mario Sergio Cortella que aconteceu no município de Embu das Artes (SP), em torno da mesa de jantar de minha residência. Mas a relevância desse dado é, creio, contestável. No tempo: o diálogo foi realizado no primeiro semestre de 2005. Esse dado já é mais relevante pois, desde então, muita coisa aconteceu no Brasil e no mundo, especialmente fatos que dizem respeito à moral e à ética, como a operação Lava Jato por aqui e, muito pior, a onda de atentados terroristas na África, na Europa, nos Estados Unidos e no Oriente Médio, quase sempre reivindicados pelo autoproclamado Califado do Estado Islâmico. Acontecesse hoje nosso diálogo, certamente Mario Sergio e eu não poderíamos deixar de nos referir claramente a esses acontecimentos. A expressão "lava jato" remetia, então, apenas à lavagem de carros. É verdade que poderíamos ter falado de terrorismo, uma vez que nossa conversa aconteceu depois do fatídico 11 de setembro e também um ano depois do atentado na Espanha (e dois ou três meses antes do atentado em Londres). Mas, em meio aos variados temas de que tratamos, não nos ocorreu tratar do terrorismo. Hoje, repito-o, dificilmente deixaríamos de fazê-lo (nos dias em que escrevo este Prefácio, acaba de acontecer mais um atentado terrorista em Manchester, Inglaterra, que teve como alvo crianças e adolescentes).

Mas, afinal, por que Mario Sergio e eu nos sentamos em torno de minha mesa de jantar embuense em 2005? Foi iniciativa de Beatriz Marchesini, então da Papirus Editora. O tema foi também proposto por ela: que conversássemos sobre moral, o que ocorreu, trazendo também à mesa a dimensão ética, que pessoalmente diferencio da dimensão moral, como esclarecido logo no primeiro capítulo deste livro.

Fomos felizes em nosso diálogo? Se eu escrevesse o Prefácio de outro autor, não poderia deixar de responder a essa pergunta. Mas sendo copartícipe da empreitada, é ao leitor que cabe julgar. Tampouco cabe ao prefaciador da própria obra, retomando uma expressão de Michel Foucault, "estabelecer a monarquia do autor", que consiste em fornecer ao leitor as pautas "corretas" para guiar a sua leitura: nesta obra, seria isto e aquilo que teria sido dito, seria tal ou tal pensamento que teria sido exposto e cuja interpretação seria esta e não aquela. Não; um livro tem vida própria, ou melhor, a sua vida depende dos vários olhares das pessoas que o leem e que, espero, o lerão. Limito-me a dizer que, seja qual for a avaliação que se faça de nossas reflexões, Mario Sergio e eu abordamos temas que hoje em dia permanecem relevantes como, por exemplo, o lugar da religião na sociedade, a desconfiança entre as pessoas, a violência, as novas formas de comunicação e as transformações que causam nas relações pessoais, a desesperança em relação à ciência e ao futuro, o tédio que nos priva de sentido e alguns outros temas mais. Acrescento que Mario Sergio, quando fala de sua vontade de escrever um "livro dos vícios" (nos moldes d'*O livro das virtudes*, organizado por William Bennett), elege pelo menos dois temas que nos 12 anos que se passaram adquiriram, infelizmente, dimensão social incontornável. Dizia ele que "escolheria, por exemplo, histórias ligadas à degradação da moral política em algumas democracias; (...) sobre a degradação do ambiente". Ora, a degradação moral na política, que já era velha conhecida (o "rouba, mas faz" remonta a pelo menos Ademar de Barros), ganhou nos últimos anos no Brasil uma amplitude aterradora, mórbida e que até coloca em risco o chamado pacto republicano; e a degradação do meio ambiente, tema também já antigo, ganhou ares apocalípticos, mobilizando praticamente todos os países do planeta que conseguiram um histórico, porém frágil, acordo sobre mudança do clima em Paris (dezembro de 2015).

Para terminar este Prefácio, creio ser relevante falar um pouco do título do livro: *Nos labirintos da moral.* Não fui eu que o escolhi, tampouco Mario Sergio. Foi Beatriz Marchesini, já citada. É um belo título e agradeço-a por essa criação. Contou-me ela recentemente que o título lhe ocorreu durante a conversa em Embu das Artes. Ela ficou com essa ideia na cabeça e nenhuma outra opção de título a superou. Ainda bem, diria eu, pois se trata não somente de uma imagem forte, mas também significativa. Lembra ela, 12 anos depois: "Formou-se na minha cabeça uma imagem de caminhos e descaminhos, de dificuldade de perseguir uma rota, de ter um roteiro seguro para a sociedade e para os indivíduos. Enfim, de como parece ser fácil de se 'perder', se sentir confuso, em um labirinto onde a pergunta inevitável é sempre: onde estará a saída? Acho que foi algo assim".

De fato, quando se pensa em labirinto, a primeira ideia que surge é a da grande dificuldade de se encontrar a *saída*. Pois um labirinto é uma rede de caminhos que se entrecruzam, e quem dele procura sair, frequentemente, não encontra a solução e se vê quase sempre voltando para lugares pelos quais já passou. Como o diz Beatriz, não há roteiro seguro. Isso se aplica à moral, como o sugere o título escolhido?

Sim; a moral não deixa de ser um labirinto, uma vez que seus diversos temas se entrecruzam. Por exemplo, quando falamos de justiça, falamos de respeitar direitos. Mas será a moral apenas o respeito a direitos? Não; ser generoso implica dar ao outro o que lhe falta sem que isso gere um direito. E quando pensamos em generosidade, inevitavelmente, acabamos pensando em gratidão, do que nos ocorre outra virtude: a lealdade. A lealdade, porém, é sempre moralmente boa? Ela é boa se exercida em relação a uma pessoa injusta? Voltamos, assim, ao tema da justiça. E para ser justo será que é suficiente um juízo adequado para agir? Certamente não, pois em vários momentos, se nos faltar coragem, o medo nos paralisará. Logo, como não incluir *Nos labirintos da moral* a virtude coragem, sem esquecer que ela pode ser imoral se colocada a serviço da tirania, que é injusta? E assim por diante. Sim, caminhar no universo da moral é complexo e, quando pensamos que achamos um caminho seguro, logo aparecem outros que nos atraem ou que nos colocam em dúvida. Se formos sérios e não dogmáticos, permaneceremos um tempo a mais no labirinto. Não há fio de Ariadne. Dialogar com Mario Sergio foi um prazer e nossa conversa não deixa de ilustrar o labirinto: começamos por falar de moral e ética e fomos levados a comentar temas como a confiança, a decepção, os vícios, a religião, a vergonha, o medo, a esperança, a disciplina, a honra, o desprezo e alguns outros, para, pelo final da tarde, voltarmos a tratar de ética. Deve-se frisar que nós não seguimos um *roteiro* preestabelecido, uma pauta acordada de antemão: fomos levados pelas nossas reflexões a tomar caminhos variados que, minutos antes, não sabíamos que neles iríamos bifurcar.

Mas não será condenar a moral compará-la a um labirinto? Fazê-lo não será dar munição aos chamados “relativistas”, que têm ojeriza a hierarquizar valores e que acabam por tudo tolerar, radicalmente privados de prioridades? E fazê-lo não será dar razão aos cínicos que, segundo Oscar Wilde, “sabem o preço de tudo, mas não conhecem o valor de nada”? Não. Lembremos que labirintos não são celas fechadas a quatro chaves: há uma ou mais saídas. Mas, contrariamente ao que pensam os dogmáticos de plantão, que acreditam sempre ter encontrado saídas fáceis, com seus imperativos superficiais com os quais atrapalham a vida de seus conterrâneos e contemporâneos, achá-las é fruto de muita reflexão, de muita experiência, de humildade e de paciência. Existem, é claro, momentos em que juízos morais devem ser dados sem tardar: é preciso sair do labirinto mesmo que forçando um pouco as suas paredes. Sim, mas a pessoa compenetrada da importância da moral sabe que, não raramente, seu urgente veredito é passível de reparos e superações, e ela logo volta ao labirinto para procurar outros caminhos para saídas que mereçam cada vez mais o nome de justas e dignas.

E espero que os diálogos deste livro possam fazer nossos sinceros frequentadores do dédalo moral e ético pensar rotas, certamente não totalmente seguras, mas merecedoras de ser por um tempo transitadas.

Yves de La Taille

Novos labirintos, novas trilhas!

Uma nova geração de pais e responsáveis surge, mais de uma década depois da publicação inicial deste livro em 2005, já com crianças e jovens que nasceram a partir do ano 2000! Olhando o que já se foi e acolhendo o que está vindo, como recusar o cuidado anacrônico e moralmente fragilizado?

Há dois movimentos nisso. O primeiro é que parte do mundo adulto, aquela que está educando crianças e jovens, tem se acovardado em relação às tarefas que deve cumprir, muito conformada, recolhida e usando bastante a frase: "O que eu posso fazer? Eles são assim". Esse tipo de acovardamento e enfraquecimento é muito danoso, pois ele faz com que a relação com as novas gerações não seja formativa, mas de subordinação, o que é extremamente ruim para qualquer geração, inclusive para a que está sendo formada.

Por isso, num mundo de mudanças em alta velocidade, é preciso que pais e mães atualizem o seu modo de ação perante o mundo que aí está, mas que o ponto de partida seja a atitude de maior firmeza em relação ao que deve ser feito. Quando falo em firmeza, não me refiro à brutalidade e à violência, mas à capacidade de não transigir e abrir mão daquilo que precisa ser tomado como tarefa por quem tem, sim, a responsabilidade de fazê-lo.

O segundo movimento é que isso exige humildade para que se possa entender que há coisas que ainda não sabemos fazer, mas também exige iniciativa e proatividade para que não deixemos de fazer o que tem de ser feito, levando em conta três grandes preocupações.

A primeira é que os pais entendam que não devem agir de forma isolada. Para que eles tenham formação coletiva, é preciso que participem de grupos de pais, se atualizem com leitura, busquem a formação que os filhos recebem na escola. A atividade paterna/materna não pode ser isolada, e ninguém nasce com um receituário pronto para isso. É necessário partilhar experiências fazendo o que já se fez em outros tempos quando, ao viver em comunidade, as pessoas trocavam ideias sobre as condutas e os procedimentos.

A segunda preocupação é acompanhar os filhos naquilo que é o mundo digital hoje. Você não precisa ser alguém que tenha presença nas redes sociais, mas tem de ser alguém capaz de passear por elas para poder acompanhar um pouco um dos territórios em que seus filhos caminham.

E em terceiro lugar está a capacidade de entender que precisamos fazer uma distinção entre aquilo que é antigo e aquilo que é velho. Algumas coisas são antigas, mas não são velhas. A autoridade é antiga, mas o autoritarismo é velho. A capacidade de convivência amorosa é antiga e o falseamento do afeto feito em forma de permuta comercial, soterrando as crianças com presentes, é algo velho. Nessa hora, atualizar não é só ir buscar aquilo que é novo, mas aquilo que é antigo também, fazer com sensatez o equilíbrio entre o "nada pode" e o "tudo pode".

Os pais têm de entender que a ideia de disciplina e de convivência ordenada é decisiva. Uma família não é uma instituição democrática. A democracia exige direitos e deveres idênticos e, no caso de uma família, pais e mães têm atitudes de autoridade superior em relação aos filhos. Nesse sentido, é um equívoco supor que uma família seja uma democracia. O que pode e deve existir em uma família é a atividade participativa. A responsabilidade última é do pai e da mãe, que podem e devem consultar os filhos em relação a alguns procedimentos, mas não se subordinar a eles.

Outro aspecto dentro disso é que é necessário reforçar a autoridade paterna e materna. Autoridade é diferente de autoritarismo. O autoritarismo, que já tivemos há 30, 40 anos, desconhecia a individualidade da criança e do jovem. Depois, passou-se por um momento em que não se desconhecia mais; o que havia era subordinação. Agora é o momento de equilibrar a perspectiva de ter autoridade e a exigência de encontrar ali o recurso e a contraparte, mas em nenhum momento deve-se fazer uso do autoritarismo, pois ele é agressivo e desnecessário no tempo atual. Afinal, em um mundo em que há uma rarefação e diminuição do período de convivência, é necessário que o tempo que adultos e jovens passam juntos seja ordenado por uma inteligência maior do que existia antes.

Lembremos que houve significativa redução da convivência de nossas crianças com o restante da família. Até mais ou menos 30, 40 anos atrás, os filhos eram criados juntos com os outros: com os primos, na casa dos avós, em uma mescla familiar em que adultos de várias direções ajudavam a cuidar das crianças e a discipliná-las.

Por exemplo, na casa dos avós, podia-se tudo, menos o que eles proibissem. Nesse sentido, a disciplina era mais estruturada. À medida que pais e mães foram se afastando do núcleo da família, vivendo mais longe, com o aparecimento de cidades maiores e grandes deslocamentos, tivemos o enfraquecimento dessa convivência de jovens e crianças com adultos e com os pais e avós.

Sendo os adultos que se ausentam para o mundo do trabalho com maior frequência e com distâncias maiores, as crianças ficaram mais isoladas e ganharam um nível de independência próximo da soberania.

Cautela, contudo, com um mito: o de que no passado os pais conviviam mais com os filhos; o que havia era uma convivência maior das crianças com o mundo dos adultos, e não necessariamente com os pais.

As famílias tinham momentos de convivência intensa. Almoçávamos e jantávamos juntos, o que é uma ocasião especial para isso, mas saíamos de manhã e voltávamos à noite. Era comum a mãe colocar a cabeça por cima do muro e chamar o filho: "Venha para casa tomar banho, menino". Era nosso cotidiano. Por isso, é mítico supor que pais e mães passem o tempo todo com os filhos, em um domingo por exemplo, achando que têm de organizar coisas para eles fazerem. Até determinada idade, com 4, 5 anos, sim; depois, a criança tem de ficar, obviamente, sob a supervisão de um adulto, mas não é tarefa do pai e da mãe ocupar o filho com atividades. A criança precisa ter o mundo dela com as coisas dela, sem isolamento mas com capacidade criativa e recreativa própria. Não é tarefa do adulto responsável na família ser ali somente um recreador de crianças.

Tudo isso dá muito trabalho, claro! Porque criar gente dá trabalho e, quando dá trabalho, é preciso um esforço adicional. É preciso entender que, quando se vai exercer autoridade sobre alguém, você tem de sustentá-la. E, ao sustentar a autoridade, tem de arcar com a consequência dessa sustentação. Se meu filho faz birra em público e não quero que ele o faça, vou levá-lo para casa e vou ter de cessar o que estava fazendo para poder tomar conta exatamente daquela situação. Nesse sentido, há, sim, por parte de alguns pais, a recusa em ter um esforço maior nos momentos em que isso é necessário.

Muitos enxergam na tecnologia digital um alívio para a carga de trabalho que existe quando se é responsável pela educação de crianças e jovens, pois isso os mantém ocupados.

Ora, cada família vai organizar seu modo de fazê-lo. Conheço famílias cujos pais não dão celulares aos filhos antes que eles completem 14 anos, por entenderem que essa é a idade adequada para que tenham aquela tecnologia em mãos. Outros pais, porque não conseguem acompanhar as atividades dos filhos, entendem o celular quase como uma tornozeleira eletrônica, e fazem disso um meio de vigiá-los. Não há um único caminho.

Por exemplo, dentro da estrutura escolar, se a família oferece à criança um celular, ela pode levá-lo à escola; o que ela não pode é ter o celular dentro da sala de aula como algo distrativo. Se aquilo for incorporado ao trabalho pedagógico, ótimo. Mas se for algo distrativo, como era um gibi, uma revista, um rádio, tem de ser guardado.

Não há uma regra exclusiva sobre o uso de celular e a família é quem decide. O que acho absolutamente entristecedor são pais e mães que, desde logo, já oferecem às crianças aparelhos para distraí-las. Uma criança tem de se distrair com o mundo, tem de sentir interesse naquilo que está à sua volta em vez de mergulhar de cabeça em uma "sala fechada", que é o mundo digital. Nessa hora, é muito ruim que pais e mães utilizem o celular apenas para ficar um pouco em paz. Lamento muito esse comportamento. Se você quiser ficar em paz, vai ter de ordenar a vida junto com os seus filhos.

Voltemos ao óbvio: se você tem filhos, tem de cuidar deles. Dar para uma criança algo que a distraia para que ela fique quieta é o mesmo que lhe oferecer um entorpecente para que faça isso. A criança emburrece se não ficar olhando para o mundo à sua volta.

O mundo digital é uma das maravilhas de nossa convivência, mas não pode ser objeto obsessivo nem pode servir como válvula de escape para as necessidades da criança. Muita gente usa essa tecnologia para hipnotizar e amortecer a criança, deixando-a em estado de entorpecimento.

Se entendermos a ética como uma referência saudável para a convivência fraterna, digna, que não seja segregacionista; se a entendermos como aquela que acolhe a vida coletiva de um modo respeitoso e ao mesmo tempo elevado, precisaremos ter uma sociedade que comece cada vez mais a recusar tudo aquilo que degrada essa condição.

Por isso a necessidade da organização de nossa convivência pela formação de pessoas na família, na escola, na mídia, no campo da religião e em tudo aquilo que é território nosso, de modo que a ética da saudabilidade, da convivência, seja erigida, colocada como um valor impositivo.

Se nós formarmos crianças e jovens com a perspectiva da consumolatria, da ideia de levar vantagem a qualquer custo e de que o importante é ter sucesso independentemente do que acontece aos outros à sua volta, é claro que o resultado será ruim.

É uma ideia antiga e evidente: se feijão você planta, é feijão que colherá. Há escolha na vida só em relação ao que se planta; o que vai se colher já está determinado.

É necessário cuidar da ética para não anestesiarmos a nossa consciência e começarmos a achar que tudo é normal; por isso, "se eles são assim", é urgente que comecemos a formar em nós mais competência para que deixem de assim ser.

Mario Sergio Cortella

Questões morais e éticas ou problemas de conduta?

Mario Sergio Cortella – Falando de valores, das questões morais e éticas em discussão, hoje, em relação a diversas situações do cotidiano, eu tenho curiosidade, Yves, de saber o que você pensa a esse respeito. Por que, neste momento, estamos tão preocupados com isso? O que leva pessoas das comunidades escolares e não escolares, pais e profissionais de várias áreas a procurar os estudiosos, os pesquisadores da área de educação – como você no campo da psicologia e eu no campo da filosofia –, dizendo assim: "Temos de tratar do tema dos valores na escola". Às vezes eu pergunto: "Mas por que você está interessado? Os valores não estão presentes na escola?". Já li várias coisas que você escreveu sobre o assunto, mas acho que vale a pena explorarmos alguns aspectos desse tema que está na ordem do dia.

Yves de La Taille – Acho que existem vários fatores que contribuem para a valorização de tais questões na sociedade atual. Na minha experiência, em relação à educação especificamente, o que se vê é uma preocupação com valores derivada, na verdade, de uma queixa de comportamento, ou seja, geralmente ligada a aspectos disciplinares e de respeito. Não se trata da preocupação *ética* com a formação do cidadão, mas de resolver problemas objetivos, concretos (em realidade, talvez muitas vezes fantasiados, mas que são considerados "objetivos" por parte dos professores). Assim, acho que há um problema de convivência dentro da escola, mas eu diria que isso vale também para o conjunto da sociedade. Parece-me que existe uma crise de confiança nas relações entre as pessoas: elas consideram as relações humanas cada vez mais violentas, nas quais predominam insensibilidade e desconfiança. Então, penso que a preocupação com o "tema dos valores" – referimo-nos aqui, claro, a *alguns valores*, porque, a rigor, tudo é valor – revela uma crise, um mal-estar moral e ético.

Aqui eu gostaria de fazer um parênteses para explicitar a distinção que estou usando entre moral e ética: chamo de "moral" o que diz respeito aos deveres, e costumo reservar, como **Paul Ricoeur** e outros, a palavra "ética" para as questões relativas à vida boa, à felicidade...

Cortella – E, portanto, que dizem respeito à coletividade, à universalidade.

Yves – Exatamente, que pertencem à esfera do coletivo. Do ponto de vista psicológico, eu diria que, para entender o processo que leva uma pessoa a respeitar determinados princípios e regras morais, é preciso conhecer sua perspectiva ética. Portanto, a questão ética é crucial, e quando há o que poderíamos chamar de "mal-estar ético", quando há uma falta de sentido para a vida, a dimensão moral e, portanto, as ações morais também entram em crise. Parece-me ser o caso nos dias de hoje. Veja esses dados apresentados pela Organização Mundial da Saúde em 2000 sobre fatores que ocasionaram mais mortes no mundo. Foram estabelecidas várias categorias, das quais três nos interessam particularmente aqui: suicídio, crime (assassinato) e guerra. Segundo a pesquisa, o que mais mata no mundo, hoje, é o suicídio. Foram 815 mil suicídios naquele ano, contra 520 mil mortes ocasionadas por crimes e 310 mil em guerras. Ou seja, seria preciso somar as mortes decorrentes de crimes e guerras para empatar com o número de suicídios. Naturalmente, isso depende da região. Em alguns países, é a guerra que ocasiona mais mortes – como no Iraque, por exemplo, hoje. Em outros, como, se não me engano, o Brasil, são os crimes. Portanto, o mal-estar moral e ético que referi antes, e que pode levar a pessoa ao suicídio, manifesta-se de maneira mais forte no hemisfério norte, justamente aquele cuja cultura costuma ser considerada como a mais avançada e a mais desejável do mundo ocidental.

Cortella – Isso me trouxe à memória a obra clássica de **Durkheim**, *O suicídio*, em que ele introduz o conceito de *anomia*, que, como você relembra em algumas conversas, é entendido geralmente como "ausência de normas e leis", mas que também podemos atualizar supondo ser um efeito da anomia a sensação de deslocamento em relação ao conjunto social, a sensação de não pertencimento. É interessante porque isso nos remete àquilo que você comentava, à ideia de que nós estamos estranhando um pouco, hoje, como a vida está colocada. Há uma sensação de estranhamento que lembra o conceito clássico de alienação. O jovem sente uma forte estranheza porque o mundo adulto recuou bastante em direção à juventude, há um evidente desejo de juventude por parte dos adultos, a adolescência se prolonga e, desse modo, o que se vê é uma juventude estendida, duradoura, e uma velhice rápida.

Nosso estranhamento já é um reflexo do questionamento que estamos vivendo em relação aos valores. Quer dizer, o modelo de organização da vida, o nosso paradigma de existência, começa a ser questionado com bastante força. E, como você colocou, de fato, a temática dos valores aparece mais como queixa do que como convicção. Por vezes, é uma lamúria: "Essa juventude está perdida". Aliás, alguns dizem "o mundo está perdido". Costumo brincar dizendo que quem repete muito isso começa a se perder nesse mundo. Afinal, "perde-se" aquele que não compreende o que está acontecendo à sua volta, que não "se localiza". Então, voltando ao tema do suicídio, ele é, de fato, a perda do sentido, entendendo-se o termo na dupla acepção básica: como *significado* e como *direção*. Para que direção avançamos é algo ainda nebuloso e o significado de nosso cotidiano é questionável o tempo todo. Daí resulta que uma parte do mundo adulto considere que as crianças e os jovens não se comportam de maneira, digamos, "compatível" com aquilo que se desejaria – que, aliás, seria uma calmaria impossível –, por isso a queixa relativa à disciplina.

Além disso, não se percebe aquilo que, de fato, é uma crise ética em relação a nossos valores de vida coletiva, da própria ideia de vida, e não apenas da noção de civilização – que é importante, mas não esgota a ideia de vida. Eu não tenho dúvida de que a educação e a escola cada vez mais precisarão tratar da crise ética para não cair na armadilha de apenas responder à mera queixa moral em relação à conduta. Pois se existe um problema de conduta, existe uma crise muito mais forte que é o esboroamento da capacidade de vida coletiva.

Yves – Inclusive no caso dos adultos... Quer dizer, o problema está antes neles do que nos seus filhos, os alunos. Então, justamente, o grande perigo é este: tratar uma questão que é muito grave, muito profunda – e muito bonita, paradoxalmente, porque toca em velhas e grandiosas questões filosóficas –, de uma maneira normativa, com regras: "Como faço para meu aluno ficar quieto?"; "Como faço para haver mais respeito?" etc. Insisto sempre nisto: vocês querem educação moral? Bom, primeiro, é preciso organizar a escola para isso e não ficar apenas se lamuriando, sem programas educativos. É fundamental tocar na questão existencial. Você lembrou bem o livro de Durkheim, em que ele coloca claramente: não é a miséria que leva ao suicídio, não são nem o alcoolismo nem a aflição; é sentir-se fora do mundo, sentir-se num mundo "desencantado" – para usar uma expressão de Weber –, sem sentido. **Albert Camus** diz, logo no início de seu livro *O mito de Sísifo*, que o maior problema filosófico é justamente o suicídio. Por quê? Porque aí reside a questão do sentido da vida. Mas esta não é uma questão apenas educacional, é de toda a sociedade. A civilização ocidental está se questionando, está pensando sobre isso, notadamente sobre decepções que ocorreram. Vale destacar duas: uma é o fim da crença no progresso e a outra o fim das utopias políticas – ambas características do mundo pós-moderno. Antes, acreditava-se que a ciência levaria a uma evolução. Na psicologia, por exemplo, muitas teorias, como as de Piaget, repousavam tranquilamente nessa ideia de evolução. A ciência era vista como um bem e acho que hoje muita gente vê a ciência como algo perigoso – a natureza é que seria boa. A visão predominante do século XVIII até meados do XX era a de que a natureza era perigosa e a ciência é que era boa. Agora, há quase uma inversão: a ciência é perigosa, ela destrói a natureza, mas a natureza é boa. Então, creio que esse desencantamento com algo que é uma produção humana tem o seu papel na crise de sentido. Quanto ao fim das utopias políticas, talvez alguns considerem que não se trata propriamente de um fim, mas creio que se pode falar, no mínimo, em problematização.

Cortella – Sabe, realmente me parece algo muito forte esse desencantamento com a ciência de que você falava, essa decepção. Isso me trouxe à memória o filme *E.T.*, de **Steven Spielberg**, produzido em 1982, pois creio que ele foi pioneiro em mostrar isso no cinema, no mundo das artes. O filme de Spielberg traz à tona dois aspectos relacionados ao que você dizia: o primeiro é a ideia da infância como um mundo que precisa ser protegido, pois seria ameaçado pelo mundo adulto; e, segundo, a ciência como um perigo. Assim, no filme, o que ameaça a integridade do E.T. não é a polícia nem o exército, mas a ciência, que quer pegá-lo, estudá-lo. Há duas cenas especialmente marcantes no filme: quando os cientistas vão chegando para pegar o E.T. com suas roupas hermeticamente fechadas, munidos de câmeras hiperbáricas e dutos, e a outra, clássica, que é a do voo da bicicleta – que, para mim, é a cena mais representativa da capacidade humana, porque ser humano é acreditar que a bicicleta pode voar. Essa capacidade mágica do voo da bicicleta é a fuga em relação à ciência. É a ciência que quer capturá-lo e se apossar de algo que é exatamente o nosso mundo da natureza.

É interessante também que o filme trata fortemente de um grande valor, que é a amizade, quase que retomando a virtude da amizade entre os gregos do mundo clássico. Tanto é assim que a cena mais emocionante do filme (que é aquilo que cada um nós busca sempre) é o encontro dos dedos – que se acendem... Quando o menino e o E.T. encostam seus dedos, surge uma luz, um brilho, que ilumina o coração. E, nesse instante, eles *concordam*. Em latim, "concordar" é colocar o coração junto; *Cum cor* é quando você concorda. E o que se vê hoje com frequência, em uma sociedade como a nossa, é a *discordância* – são corações que se afastam, e não corações que se aproximam. Não por acaso Spielberg se inspirou, para essa cena da concordância dos dedos, no teto da Capela Sistina, na clássica representação da Criação. O que é muito interessante porque, naquela representação de **Michelangelo**, Deus e Adão não estão encostando os dedos, estão só aproximando-os. O curioso é que quando se olha essa cena não é possível ter certeza se é Deus que está criando Adão para não ficar sozinho no universo ou se é Adão que está criando Deus para não ficar sozinho no universo. Provavelmente, ambas as coisas. O que nenhum dos dois queria era um "Grande Sertão sem Veredas". E eu acho que nós estamos hoje apenas em um Grande Sertão, que é a ausência de sentido, que você havia afirmado.

Yves – O que se liga ao retorno de temas como o das "virtudes", que ressurge, por exemplo, com a publicação d'*O livro das virtudes*, organizado por **William Bennett** – do qual não gosto muito, porque ele determina a qual virtude cada conto se refere, moralizando e normatizando, assim, as virtudes. É como se o autor dissesse: "Este é um conto sobre generosidade, aquele é sobre...". Gostaria de abrir um parênteses aqui para falar de uma pesquisa que desenvolvi com crianças relativa a contos sobre virtudes. Na pesquisa, eram contadas histórias retirando-se tudo que elas poderiam já colocar de conclusivo, no sentido de "moral da história". Perguntava-se então às crianças do que elas achavam que cada história tratava, que valores estavam nela presentes. Eu queria justamente conhecer as interpretações que elas davam, que virtudes elas identificavam. Ora, numa fábula, como, por exemplo, *A cigarra e a formiga*, algumas crianças falaram em justiça, outras em generosidade, outras ainda em gratidão. É nessa variedade de interpretações que está a riqueza dos contos. Mas se dizemos à criança, de antemão, que determinada história trata de justiça, que determinada outra fala da generosidade, e assim por diante, empobrecemos sobremaneira a questão das virtudes. Enfim, tratar as virtudes de maneira, digamos, moralista, é negativo. Isso posto, a volta do tema das virtudes parece ser um sintoma de nossa busca de sentido, neste momento. As virtudes fazem parte de uma leitura ética do caráter, ou seja, de uma leitura não psicológica, que dá um sentido valorativo à questão da personalidade. Pode-se notar também uma volta do tema da "felicidade", do bem viver – típico da Grécia antiga –, com a publicação de livros sobre a felicidade ou temas afins, que estão chegando agora às livrarias. Às vezes na forma de "receitas" (autoajuda), mas há também reedições de bons livros como o de **Bertrand Russell**, por exemplo, cujo título é *A conquista da felicidade*.

Cortella – **Eduardo Giannetti** escreveu um livro interessante sobre felicidade...

Yves – É verdade. **Luc Ferry**, filósofo francês, ex-ministro da educação, escreveu um livro *Comment réussir sa vie*. O título lembra um pouco autoajuda, não é? *Como ter sucesso*... Mas o texto não. O texto discute ideias de **Nietzsche**... Enfim, é um texto de filosofia.

Mas, retomando, acho que estamos falando de uma questão paradoxal e, ao mesmo tempo, muito interessante. A volta desses temas revela que há um problema a ser resolvido, uma pendência, e é bom que eles voltem, que pouco a pouco as pessoas tomem consciência disso. Mas, infelizmente – e esse é o lado ruim –, às vezes, o tema é tratado de uma maneira, digamos, consumista.

Cortella – É, muitas vezes o tratamento do tema é leviano ao apontar uma solução pragmática para a infelicidade. Eu gostaria de lembrar, aqui, que "felicidade", em grego, é *eudaimonia*, palavra com dupla acepção que pode nos ajudar nesta discussão. Ela é composta por *eu*, partícula ligada ao sentido de "bom", e *daimonia*, termo derivado de *daimon*, isto é, o meu espírito interno, aquilo que os gregos chamavam de "estado de espírito". Assim, quando estou com meu espírito bom, a *eudaimonia*, atinjo o estado de completude e, portanto, uma situação virtuosa. Mas o que se vê hoje? Há uma fratura muito forte do tema da felicidade no nosso cotidiano, pois não existe "felicidade individual". A felicidade é como a liberdade: a minha liberdade não acaba quando começa a do outro; acaba quando acaba a do outro. Se algum ser humano não for livre, ninguém é livre. Se alguém não for livre do descaso, do abandono, ninguém é livre. Assim também se alguém não for livre da discriminação, ninguém é. Portanto, tanto a noção de felicidade quanto a de liberdade são universais. É aí que elas se aproximam da ética no campo da própria universalidade.

Agora, eu queria voltar a um aspecto do nosso presente que você levantou antes, para a gente explorar um pouco mais, que é a noção de "decepção". Fico pensando: que modelo de vida é esse que organizamos no Ocidente, que nos leva a produzir o maior avanço tecnológico da história da humanidade – nós, *Homo sapiens* modernos, que tivemos nos últimos 50 anos mais exuberância tecnológica do que nunca – e, ainda assim, o que obtivemos? Um turbinamento do cotidiano, uma aceleração que beira a "tacocracia", a ditadura do rápido, e, em segundo lugar, uma decepção muito grande como você observou. Por vezes, a gente tem uma sensação assim: “Isso não está me levando a nada, eu estou indo rápido mas não estou chegando a lugar nenhum”. Essa é uma ideia muito forte que, por sua vez, nos remete à expressão “círculo vicioso”, muito utilizada no Brasil nas últimas décadas. Hoje, a expressão “círculo virtuoso” tem sido mais usada, fazendo uma oposição entre virtude e vício.

Eu queria saber o que você entende que seria vício, hoje, porque o mais usual é que se fale em vício no sentido de vícios de consumo. Quais seriam os vícios morais – a corrupção, o desleixo, o egocentrismo? Seria o vício, de fato, oposto à virtude?

Yves – A questão não é simples. Podemos pensar, por um lado, na ausência de determinada virtude e, por outro, no seu oposto. Tomemos o exemplo da compaixão, essa capacidade de ser afetado pela dor alheia, de compartilhar a dor. A ausência dessa virtude traduz-se pela indiferença. Mas seu oposto traduz-se pela crueldade, pelo prazer que a dor alheia pode causar. Podemos chamar de vício moral tanto a indiferença quanto a crueldade, mas penso que seria mais adequado empregar esse forte vocábulo para a crueldade, portanto, para o oposto da virtude. É interessante notar que no caso da virtude justiça, a ausência e o oposto são iguais, pois ausência de justiça implica injustiça, portanto, um vício moral.

Cortella – Sabe, Yves, eu já tive vontade de fazer um livro dos vícios. É claro que já existem obras do gênero, mas não como *O livro das virtudes*, que traz uma série de histórias exemplares. Seria uma coletânea de histórias para se dar uma demonstração do que são os vícios morais. Eu fico imaginando que tipo de histórias exemplares deveria constar nessa obra: uma parte com fábulas de Esopo, uma parte com contos de La Fontaine... Mas se eu fosse fazer um "Livro dos vícios contemporâneos", que histórias eu escolheria? Escolheria, por exemplo, histórias ligadas à degradação da moral política em algumas democracias; outras relativas, por exemplo, à arrogância de alguns Estados nacionais quanto ao controle da vida coletiva; haveria também uma sobre o uso da religiosidade como forma de alienação e domínio econômico sobre o mercado religioso; sobre o mundo do trabalho que exaure aqueles que nele estão, impedindo uma vida familiar saudável; sobre a degradação do ambiente; enfim, trabalharia com histórias que são muito comuns. Esse é o livro que imagino sobre os vícios. Nós, seres humanos, somos muito arrogantes. Somos tão arrogantes que nos consideramos proprietários do planeta quando não o somos. Somos apenas usuários compartilhantes. Nossa arrogância chega a tal ponto que, entre nós, é absolutamente ofensivo você chamar alguém de "animal". No entanto, para cada ser humano que há no planeta, existem sete bilhões de insetos. Imagine se hoje à noite eles vêm nos visitar, se só a nossa respectiva quota vem nos visitar. Batem à nossa porta e dizem assim: "Qual é? O que vocês estão fazendo com o nosso planeta? Vocês acham que são proprietários dele? Não são. Vocês são só usuários compartilhantes. Aliás, a gente já estava aqui antes de vocês chegarem. E se bobear, vocês vão embora – porque a natureza liquida tudo que ameaça a vida – e nós vamos continuar no planeta". Acho que essa soberba, essa forma de arrogância é um vício extremamente forte no nosso cotidiano. Claro, temos uma sociedade viciada em várias coisas – e aí usando a palavra "vício" não no sentido moral, ligado ao consumo de substâncias ou coisas inadequadas –, mas viciada no sentido de apodrecida.

Um dos sermões do padre Antonio Vieira, grande escritor português que viveu no Brasil, começa com uma frase que me parece terrível, porque verdadeira, que diz: "O peixe apodrece pela cabeça". Já viu um peixe apodrecer? Ele apodrece da cabeça para o resto do corpo. E, hoje, realmente vivemos um apodrecimento de alguns valores, de dignidade, de capacidade de convivência, de civilidade, que resulta nesse mal-estar – apontado por Freud no início do século XX – e que hoje trazemos à tona, 100 anos depois de Freud. Alguns poderiam crer que essa concepção foi sepultada com ele. Mas não foi! Ao contrário, tem-se hoje um mal-estar que resulta, primeiro, de um esgotamento dos modelos econômicos de convivência – porque, até o momento, eles exauriram a capacidade de vida – e, em segundo lugar, de uma decepção (usando esse termo tão adequado que você trabalhou antes) com a própria tecnologia e a ciência, que nos prometeu o reino da razão. Um sinal de nossa desilusão é a ressurreição fortíssima, quase um *revival*, das estruturas religiosas. Nunca se teve tanta religiosidade vindo à tona, embora dentro de um modelo que chamo de *self-service*, porque funciona como um mercado de consumo, com opções "ao gosto do freguês".

Yves – Quanto à volta da religião, acho que foi **Malraux** que disse: "O século XXI será religioso ou não será". Quer dizer, ele previa uma volta da religião, mas acho que ela é, justamente, uma volta da busca do sentido, porque a religião (ou as religiões), concordemos ou não com ela, dá uma ética, ou seja, dá um sentido. Só que, claro, como você disse, a religião não é algo fora da cultura, então, ao voltar, ela se adapta aos vícios (retomando o termo que você usou) que a nossa própria cultura possui, notadamente o consumo, atualmente no estilo *self-service*. As pessoas sentem necessidade de acreditar em alguma coisa. Por isso, essa volta da religião é, na verdade, muitas vezes o retorno de uma mística, mais do que realmente de um sentimento religioso. E outra coisa que também me chama a atenção – embora seja até contraditória com a própria ideia de religião – é que, muitas vezes, as buscas de sentido guardam uma característica do nosso modo de vida atual, ou seja, do individualismo. Historicamente, a ideia de "indivíduo" foi uma conquista do século XVIII, que veio liberar a pessoa das pressões do grupo, tomando o valor da pessoa como pessoa (novamente o tema das virtudes) e não como mulher, negro, brasileiro, alemão, de classe alta, de classe média etc. Nesse aspecto, o individualista pode ser visto como alguém mais tolerante, porque não está constantemente "patrulhando" o seu amigo de grupo. Mas, evidentemente, o perigo é se isolar e deixar de pensar no outro, desprezá-lo. Então, penso que a volta do tema da ética, hoje, de sua problematização, é afetada pelo individualismo exacerbado: o outro não comparece. Até na religião, a ideia predominante hoje é "eu com Deus".

Cortella – E aí surge a questão da coletividade, que se opõe ao individualismo. Como ter a ideia de coletividade se a pessoa não identifica à qual ela pertence? A não identificação com uma coletividade está na base da própria noção de anomia. Como animais, não vivemos, mas *con*vivemos. Para os humanos só há *con*vivência, porque somos definidos também pela convivência dentro de um grupo. Agora, como estabeleço essas conexões, ou seja, que conjunto de pessoas elejo como "meu grupo", aquele ao qual eu pertenço? Se nos anos 1990 isso era chamado de "tribo", essa denominação se alterou um pouco nos anos 2000. Hoje fala-se mais em grupos mesmo, definidos com base em interesses que são interpenetráveis. Por exemplo, no final dos anos 90, havia as tribos dos marombados, dos *punks*, dos ligados à natureza (os naturebas), e assim por diante. Aos poucos, essas tribos foram se interpenetrando porque sua configuração inicial não permitia saídas, cada uma ficava fechada em si mesma, limitando as escolhas. Contudo, a questão não é a qual grupo você pertence, mas que alternativas você encontra ali.

E há isso que você coloca, Yves, ao falar da subjetividade, que o século XVIII valorizou como individualidade – e que, como tal, precisa mesmo ser protegida –, ela trouxe um forte risco de egonarcisismo. Ou seja, a questão não é pertencer ou não a uma comunidade, mas achar que aquela comunidade é a única que tem validade. Achar que outros modos de ser humano não têm validade. Este é um dos valores mais perigosos de ser transmitido como vício e não como virtude: a ideia da exclusividade daquele grupo. Ou seja, a grande lógica (que já foi a do mundo religioso) é: "Somos bons porque somos assim". Hoje, há um movimento de massa que é: "Somos bons porque somos muitos". E se chega em breve à ideia de que "somos bons porque somos", já sem adjetivação. Ora, isso é quase um modelo biológico de existência. Então, voltando à questão do pertencimento, hoje fica difícil imaginar a qual família pertenço, a qual lugar pertenço. As redes sociais, por exemplo, estão na moda, soterrando parte das pessoas que conseguiram imaginar que tinham conexões... E outra parte utilizou um tempo inicial muito grande nisso... Mas ainda assim, continua uma relação individualista, mais do que individualidade, que é aquilo que você levantava como um valor, um individualismo forte. Aliás, a tecnologia contribuiu muito para isso com seus avanços. Por exemplo, quando se liga para o celular de um amigo, ele mesmo atende. Portanto, a gente não fala mais com outras pessoas da família dele. Antes, havia outra lógica, pois se eu ligasse, por exemplo, para falar com o seu filho, Yves, e você atendesse, falaríamos um pouco: "Como vai?", e você perguntaria sobre mim etc. Hoje eu ligo direto para o outro, ou seja, as conexões podem ser de indivíduo para indivíduo, sem intermediações. A questão, claro, não é descartar a tecnologia, mas, isso sim, não deixar para trás, por causa dela, condições de relacionamento e de convivência menos exclusivistas.

Yves – É, e também tais conexões parecem-me superficiais, porque não privilegiadas (*privilegiadas* no sentido de escolhidas com carinho, com discernimento). Vivemos num mundo de muitos colegas, não num mundo de amigos, por definição raros, mas especiais, insubstituíveis.

Yves – Agora, voltando um pouco em nossa discussão, até pouco tempo atrás a ciência e a tecnologia eram vistas como meios para se atingir alguma coisa maior do que seus objetivos tangíveis, ou seja, como meios para a felicidade e o progresso. Hoje, o meio vira o fim, quer dizer, a ciência pela ciência, não existe mais aquilo que a transcende – daí, portanto, a perda do sentido. Paralelamente, há o individualismo. Mas qual o preço ético do individualismo? É a ideia cosmopolita: "Então, eu não sou mais da família *x*, do país *y*, do grupo *tal*, mas sou um cidadão do mundo". No século XVIII, isso era muito claro: para ser um cidadão do mundo, eu preciso enxergar alguma coisa de comum neste mundo... Acho que as utopias permitiam essa identificação. Hoje, não existe mais isso. Então o individualismo prevalece; as pessoas se retraem nas tribos, nos grupos. E aí reside um perigo: isso cria muito mais, digamos, "raiva" do outro, do que realmente apego à própria tribo. Vejo hoje com alguma preocupação a maneira como tem sido entendida a alteridade. Parece que o respeito ao outro como diferente acaba não tendo todo o valor moral que seria devido. Em resumo, presta-se muito mais atenção às diferenças do que à pessoa do outro. Então, as pessoas se organizam em torno de grupos, notadamente ligados à vida privada, não a um ideal político. Por exemplo, "sou negro", "gosto de ecologia", mas esses traços não se ligam a projetos coletivos. Acho que isso é uma busca desesperada de encontrar um lugar no mundo – o que não deixa de ser coerente com um mundo mais violento, porque estamos vivendo uma certa volta à intolerância de outras épocas.

Cortella – Que bom que você usou essa expressão, Yves. Eu venho me rebelando há um certo tempo contra a palavra "tolerância", e gostaria de conversar um pouco a respeito da ideia que ela transmite. Na minha área, no campo das Ciências da Religião, fala-se muito em tolerância religiosa e se utiliza...

Yves – Se me permite, a problemática da tolerância vem mesmo da religião.

Cortella – É verdade, e ela aparece, por exemplo, em Locke quando ele escreve um tratado acerca da tolerância, discutindo a própria capacidade de convivência de uma sociedade religiosamente cindida, dividida... Que foi, sem dúvida, um impulso fundamental para que o mercado pudesse ter um pouco de paz no mundo europeu do século XVIII. Mas eu me rebelo porque acho que a palavra "tolerância" produz quase um sequestro semântico, pois quando alguém a usa, está querendo dizer que *suporta* o outro. Afinal, tolerar é suportar.

Yves – Ou seja, baseia-se na indiferença.

Cortella – Exato. Eu o suporto, aguento. Você não é como eu, aceito isso, mas continuo sendo eu mesmo. Não quero ter contato, só respeito a sua individualidade. Em vez de utilizar a palavra "tolerância", tenho preferido uma outra: "acolhimento". Há uma diferença entre *tolerar* que você não tenha as mesmas convicções que eu – sejam religiosas, políticas ou outras – e *acolher* suas convicções. Porque acolher significa que eu o recebo na qualidade de alguém como eu.

Com frequência brinco que, em português, em francês e em inglês, usamos de forma equivocada a primeira pessoa do plural. Em português, usamos "nós"; em francês, *nous*; em inglês, *we*. Mas o espanhol – e às vezes o italiano – tem uma noção mais inclusiva da primeira pessoa do plural: *nosotros* (e em italiano, às vezes se usa *noi altri*, mas não em todas as circunstâncias). E *nosotros* é um termo especial porque é a visão mesma do acolhimento e não da tolerância. "Nós" e "eles", eu tolero. Eu aguento você, tudo bem. Ora, essa expressão é muito ruim e, hoje, ela aparece na escola com muita força. Atualmente está disseminada a noção de que é preciso ter políticas de tolerância, quando, no meu entender, deveria se trabalhar de fato com políticas de acolhimento, em que o "outro" tem o mesmo *status* que "eu". O que está expresso na ideia de *nosotros*. Por vezes, faço campanha a favor da substituição do "nós" por "nós-outros", para que a gente vá se habituando. No meu entender, essa seria, inclusive, uma forma de estimular uma das virtudes, que é a fraternidade.

Yves – É interessante. Já trabalhei com algo nesse sentido, inspirado em **Iuri Lotman**, no meu livro, *Vergonha, a ferida moral*. Pense em dois sentimentos: vergonha e medo. Para sentir vergonha, você precisa estar perante alguém que corresponda ao "nós", a esse "nós-outros" a que você se referia, não perante o tolerante, no sentido pobre da palavra. Porque se eu apenas tolero uma pessoa, ela não está inclusa no "nós" e, assim, sua opinião não me importa muito. Claro que a tolerância é superior ao menosprezo, à agressão, a fazer mal ao outro, mas ainda é, digamos, fraca. Já com "eles", a relação é de medo. Então, simplificando, se tenho vergonha perante você é porque o considero como um "nós", eu e você formamos um "nós". Se eu não sentir vergonha, mas medo, é porque você representa um "eles" para mim. E acho que a sociedade de hoje é cada vez mais uma sociedade de "eles", de pessoas das quais mais sentimos medo do que de pessoas perante as quais podemos sentir vergonha, notadamente vergonha moral. Então, a tolerância, interpretada como você bem colocou, fere a ideia do "nós", separa. Claro, insisto, ainda é melhor isso – "viva e deixe viver" – do que atacar o outro, mas sem dúvida reforça a ideia de individualismo, reforça a ideia de descomunhão, de distância entre pessoas.

Cortella – Você citou Camus antes, e me lembrei agora do livro *O estrangeiro*. Embora Camus trate do tema do próprio sentido da existência – ou do não sentido –, acho o título especial, porque *O estrangeiro* lembra alteridade. Um dos temas que a escola precisa trazer cada vez mais para o cotidiano dos alunos é a visão de alteridade: olhar o outro como outro, e não como estranho. Vale lembrar que os latinos usavam uma expressão para "eu", que é a própria noção de ego, e duas para o não eu. Uma é *alter* e a outra é *alius*. *Alter* é o outro; *alius* é o estranho. Entender a alteridade é ser capaz de olhar o outro como outro e não como estranho. É interessante porque *alius*, que gerou em português "alienígena", gerou também "alienação" e "alheio". Em inglês, por exemplo, quem não é daqui, ou seja, quem é um "ele" e não um "nós", é chamado de *stranger* ou de *foreigner* – aquele que é de fora. Nos filmes clássicos de faroeste, aquele que não era daquela cidade era um "forasteiro". Ora, do ponto de vista ético, a noção de acolhimento supõe que o outro não seja visto como forasteiro ou como estrangeiro, não seja visto como alheio. É a perspectiva de entender o outro como outro e não como estranho.

Yves – Portanto, como um "nós".

Cortella – Exato. Como um "nós", como *nosotros*. Afinal de contas, quem é o outro de nós mesmos? O mesmo que nós somos para os outros, ou seja, outros e não estranhos.

Yves – Mas você concorda comigo que justamente essa retomada da noção de *tribos* contribui para que se veja o alienígena e não o outro.

Cortella – Sem dúvida. Passa-se a olhar o outro como aquele que não é daqui.

Yves – É alguém de fora da minha fronteira e um possível inimigo de quem eu tenho medo.

Cortella – E aí eu queria até introduzir uma questão para a gente pensar um pouco mais. Costumo fazer uma distinção entre comunidade e agrupamento. Há duas possibilidades resultantes da junção de pessoas: ou tem-se uma comunidade ou um agrupamento. O que eu entendo por "comunidade"? Uma comunidade são pessoas juntas com objetivos partilhados, mecanismos de autopreservação e estruturas de proteção recíproca.

Yves – É um "nós".

Cortella – Isso. O que é um agrupamento? Agrupamento é a junção de pessoas que têm objetivos que coincidem, mas que não têm mecanismos de proteção recíproca nem estruturas de preservação. Uma cidade tem de ser uma comunidade, não um agrupamento. Uma família tem de ser uma comunidade, não um agrupamento. Um exemplo concreto que não canso de repetir: eu sou de Londrina, no norte do Paraná. Quem é daquela região como eu é chamado de "pé-vermelho", por conta da cor da terra daquela área. Eu me mudei para São Paulo no final de 1967 e fui estudar em uma escola, que lá está até hoje, na Rua da Consolação, chamada Escola Estadual Professora Marina Cintra. E lá tinha também o Grupo Escolar São Paulo. Até hoje, quem passa lá repara, porque do lado de fora, perto do Cemitério da Consolação, tem um grande ladrilhado com uma imagem do Padre Anchieta. Faço aqui um parênteses: Das dez maiores cidades do mundo, São Paulo é a única que nasceu em uma escola. Todas as outras nasceram em fortes. Talvez a gente tenha aí uma sugestão de um bom tema para se pensar, né? Fecho o parênteses. Veja que interessante: em 1968, 69, 70, eu tinha entre 14 e 16 anos, saía do Marina Cintra à noite, ia para casa caminhando (ou quando saía do bar, da igreja, seja de onde fosse)... Então, quando eu saía caminhando e ouvia passos de outra pessoa, sabe o que eu sentia? Alegria. A gente pensava: "Que bom! Vem vindo outra pessoa".

Yves – Agora, sente-se medo.

Cortella – Sabe do que a gente tinha medo, Yves? Tinha medo de defunto. Tinha medo de passar pela Rua Sergipe, ao lado do muro do Cemitério da Consolação. Hoje, a gente sai do trabalho, da igreja, da escola às onze da noite e está andando, quando ouve passos de outra pessoa, a gente pensa: "Meu Deus, vem vindo outra pessoa". É o outro como estranho.

Yves – "Tomara que seja um defunto." (*Risos*)

Cortella – Pois é, "tomara que seja outro que não esteja vivo". Acho que temos famílias que já foram comunidades e uma parte delas já se tornou mero agrupamento. Tanto que as pessoas não se encontram. Elas são alheias umas às outras dentro da estrutura. Há comunidades escolares que não são mais comunidades, são agrupamentos escolares. Ora, a questão central da ética é a formação de comunidades, e não de agrupamentos. E isso vale para o conjunto da vida no planeta, não é algo só nosso. Assim, como eu dizia, acho que comunidade é convivência com objetivos comuns, relações de reciprocidade e mecanismos de autopreservação. É claro que o conflito é inerente à convivência, mas o que não pode existir, que é típico do agrupamento, é confronto. Afinal de contas, o conflito é divergência de postura, mas visando à continuidade da relação. O confronto é a busca da anulação do outro, é típico da relação que pressupõe "eu de um lado e eles de outro". Já o conflito é inerente.

Yves – Isso me fez lembrar a definição de ética do Paul Ricoeur, que acho muito bonita e se relaciona ao que estamos discutindo. Ele faz essa diferenciação entre moral e ética. Moral são normas, deveres, e ética é uma vida boa.

Veja que bela definição, que é plenamente adequada à vida em comunidade e, também, ao cosmopolitismo. Ele diz: "Perspectiva ética é a perspectiva de uma vida boa, para e com outrem, em instituições justas". Veja que programa completo: a perspectiva de uma vida boa, em que o outro comparece de duas formas – *com* o outro (seria a ideia do grupo, da cooperação), mas também *para* o outro (que é a ideia da benevolência, da generosidade). E essa definição não esquece a dimensão política: em instituições justas. Acho muito bonita essa definição porque ela resgata a ideia da vida boa, mas a coloca em um contexto coletivo coerente com o que você chamou de comunidade. E hoje ocorre a volta da preocupação ética, preocupação com a vida boa, mas nem *com*, nem *para* o outro – e menos ainda *em instituições justas*.

Em 2004, fiz uma pesquisa em uma escola pública, com adolescentes dos três anos do ensino médio. Inicialmente pedi para que eles escrevessem, quanto quisessem, sobre o que desejariam ser, como gostariam de viver, imaginando-se daqui a dez anos de maneira ideal. Portanto, a pergunta se inseria no campo ético, focalizando a questão do projeto de vida. De posse dos textos, eu os dividi em dois grupos: aqueles cujo projeto de vida incluía o outro, fosse *para* o outro ou *com* o outro (claro que não considerei os casos em que havia apenas uma instrumentalização do outro – eu quero ter uma mulher linda, um marido rico etc.) e aqueles em que o outro não aparecia.

O resultado foi que em um terço dos textos havia referência ao outro, mas em dois terços não. Ou seja, dois terços daqueles adolescentes tinham projetos de vida em que o outro não aparecia nem *com*, nem *para*, como também não havia menção à ideia de justiça. Típico da idade? Não. Hoje é frequente ouvir que adolescente é autocentrado, mas se formos ler os textos sobre adolescentes da década de 1960, vamos notar que, muito pelo contrário, eles eram vistos como jovens preocupados com a sociedade, com o futuro da humanidade. Então, penso que é um dado importante da nossa realidade atual o fato de que se imagine um futuro bom no qual o outro não entra.

Cortella – Yves, os adolescentes de hoje são filhos dos adolescentes dos anos 60 – nós, portanto. Como se sabe, ninguém nasce pronto. Se ninguém nasce pronto, talvez essa crise, ou decepção, ou fragmentação de valores que se tem no cotidiano se deva, em parte, no Ocidente, a um projeto não realizado da nossa geração, cujo movimento mais forte (que precisaria ser revigorado) foi o movimento não só da contracultura nos anos 60, como o próprio movimento *hippie* com o seu ideal de amor, de amorosidade. Hoje, ele pareceria piegas, mas não deveria. A grande questão é como um movimento com uma perspectiva intencional, como foi o da nossa geração nos anos 60, produziu um resultado inintencional. (Uso essas palavras de propósito. Quem trabalha muito bem isso é o **Adolfo Sánchez Vázquez** no livro *Filosofia da práxis*. Ele explica como propósitos intencionais geram resultados inintencionais.) Nos anos 60, a sociedade buscava fazer com que a música, a sexualidade, a religião e a ciência estivessem a serviço da vida e do amor. O lema de 1968 na França, "Sejamos realistas, queiramos o impossível", é algo fortíssimo. Estou vendo sobre a sua mesa o livro da Mafalda...*

Yves – Que é bem dessa época...

Cortella – Isso, que é dessa época. Lembro de uma frase em que ela dizia: "El problema no es romper las estructuras pero lo que hacer con los escombros". Então, retomando, acho que na década de 1960 nós "renovamos o guarda-roupa", demolimos uma série de valores, entramos numa rota de normalidade e acabamos perdendo o impulso. Acho que foram utopias complacentes que feneceram. Do ponto de vista da nossa conversa, acho que nos faltaram virtudes, sobretudo a da coragem. Desenvolvemos a amizade, a benevolência apareceu como um valor de natureza mais religiosa, mas nos faltou a coragem. O que você pensa disso?

---

* Personagem criada por Quino, cartunista argentino, que ficou famosa em todo o mundo por suas tiradas irônicas, sempre relativas ao modo de vida, à política e aos costumes. (N.E.)

Yves – Veja, eu também me questiono sobre a nossa geração – e talvez se possa falar até em remorso – como pais de filhos que não parecem estar de bem com a vida. Que sejam diferentes de nós até que é bom, mas o fato de que não estejam de bem com a vida faz com que a gente se pergunte o que deu errado. No fundo, a sua pergunta é essa: O que deu errado? Tenho dúvidas em relação a isso. Faltou coragem? Sim, talvez. Acho que faltou discernimento. Não estava clara a fronteira entre o aperfeiçoamento coletivo e o aperfeiçoamento pessoal. Havia a ideia de que para a melhoria do ser humano era necessária e suficiente a melhoria do grupo. Historicamente, até o século XVIII, acreditava-se que para melhorar a sociedade era preciso melhorar os indivíduos, daí o estímulo às virtudes. No século XVIII, e ainda mais forte no século XIX, a equação se inverte: acredita-se que para transformar os indivíduos, é preciso transformar a sociedade. O movimento *hippie*, embora generoso em seu propósito, ainda guardava essa ideia de que não era necessário realizar um trabalho de aperfeiçoamento individual, um esforço de virtude, portanto. Pensava-se que bastava fazer parte do grupo e o grupo ter a ideologia do bem. Então, voltando à sua pergunta, parece que nos precipitamos em nos considerar moral e eticamente perfeitos porque pertencíamos ao grupo do bem. A gente era legal porque era *hippie*, porque gostava de Beatles, porque concordava que era preciso fazer amor e não a guerra, porque o lema daquela geração era "paz e amor", porque falava "É proibido proibir" – sem pensar muito, aliás, o que significa "proibido proibir". Creio que existia essa ideia de que éramos do lado do bem. Participei do movimento estudantil aqui no Brasil, na década de 1970, e até hoje existe essa ideia de que o fato de termos sido contra a ditadura – que, claro, é muito positivo – bastava para nos conferir uma perfeição individual. Como o indivíduo não estava em foco naquele momento, talvez nós tenhamos sido (não todos, evidentemente) desleixados na educação dos filhos, porque, na verdade, ser pai é cuidar de indivíduos. Acho que falhamos na articulação entre o coletivo e o individual. Mas naturalmente não é só isso, há vários outros fatores que contribuíram para que chegássemos à realidade atual.

Cortella – Você acha que fomos inocentes em relação à superestrutura? O que mais se ouve em conversas com educadores e educadoras é que o professor, hoje, não tem consciência do trabalho. Ou seja, existe a suposição de que se ele for bem intencionado, então teremos um resultado adequado. Concordo com você de que tivemos certa inocência, até na própria militância. Não por má intenção, mas uma inocência provocada pela subestimação das condições objetivas. Portanto, o movimento também foi romântico. Bonito, mas ainda assim romântico. E esse romantismo foi sendo perdido com o passar dos anos.

Cortella – É curioso observar o fenômeno nostálgico de adultos e crianças que existe hoje. Nos Estados Unidos, há uma expressão recente que é o *kid-adult*. Essa ideia do adulto-criança está disseminada na sociedade atual, se for ver, até no que se refere ao consumo (voltou a mochila com bichinhos). Tanto os jovens no ensino médio, na faculdade, quanto os adultos estão com nostalgia da infância deles.

Nós, adultos, tentando voltar à infância perdida e os jovens, que mal saíram da infância, também buscando trazê-la para o seu cotidiano. Claro, há um mercado por trás disso, mas eu queria trabalhar essa ideia de "nostalgia". É interessante porque a palavra tem origem na medicina. Um médico alemão a criou para designar a dor de um membro que foi amputado. *Nóstos*, em grego, é volta, regresso, retorno; *álgos* é dor. Então, "nostalgia" é *a dor da volta*. Aquele que já teve uma perna ou um braço amputado, o que era muito comum até o século XIX, ainda sentia dor no membro que perdeu. Ele já não está mais lá, mas a pessoa ainda o sente; ele coça etc. Ora, nostalgia é assim, é a dor da volta. Quer dizer, voltar para onde? De onde saímos? Para onde vamos? Isso nos remete de novo ao tema da ética, porque nós deixamos, talvez, a nossa habitação original, a nossa morada. Quer dizer, qual a morada do humano? A morada do humano era a capacidade de todos nos abrigarmos dentro do mesmo lugar, a própria ideia de comunidade. Na nossa casa não cabe mais todo mundo. Nós brigamos, entramos em confronto para ficar dentro dessa casa, há pessoas que queremos que saiam. Essa é a quebra da própria noção de ética. Até o século VI a.C., *ethos*, em grego, servia para designar a morada do humano; depois se passou a usar *eikos*. Mas *ethos* era o lugar onde nos abrigávamos, o espaço da vida conjunta.

Hoje, no meu entender, essa nostalgia é negativa porque vai buscar no passado algo que deveria estar no horizonte. Desse modo, a gente acaba sendo vitimado por uma saudade do futuro, que é algo que tem um significado específico para os brasileiros. O povo brasileiro talvez seja o único que tem saudade do futuro: dói na gente o povo que a gente vai ser um dia. Dói, dá uma certa dor interna, uma saudade danada do país que a gente vai ser. Acho que a gente sente isso em relação ao tema de uma sociedade virtuosa, não viciada.

Yves – E ter saudade do futuro traz uma possível definição da palavra "esperança". Afinal, entre outras acepções, esperança significa ter um "desejo sem poder". O filósofo francês Comte-Sponville diz que é preciso querer "desesperadamente" – não no sentido da agonia e da dor, mas lembrando que a esperança pode ser uma posição passiva. Eu quero, mas nada faço além de "esperar". Perde-se a ideia de ação. E essa nostalgia atual (concordo plenamente com você, até me inquieta essa valorização do jovem e da juventude) pode estar camuflando o medo do projeto de vida. É o aqui e agora, o que importa é não envelhecer, não pensar no amanhã. Creio que, para os jovens, isso é péssimo, porque eles ficam sem referência. Imagine que aos 18 anos você é a referência do mundo!? Mas, no fundo, a gente mesmo queria isso. Nossa geração, ela mesma gostava da ideia de que o jovem fosse a referência do mundo, não é? Afinal, os Beatles, o Chico Buarque e vários outros tinham apenas 18 anos quando dominavam a cena cultural. Tínhamos orgulho disso.

Cortella – Paulo Freire conferiu um sentido novo à palavra esperança, lição que a gente deve repetir sempre. Ele dizia que era preciso ter esperança, mas esperança do verbo *esperançar*, e não do verbo esperar. Porque a esperança que vem de "esperar" é pura espera, ao passo que quando proveniente de *esperançar* significaria se unir e ir atrás, não desistir.

Yves – É agir.

Cortella – *Esperançar* é uma ideia muito forte, porque coloca a pessoa na posição de agente. Por isso, quando você fala em futuro, eu me lembro daquilo que eu entendo hoje, Yves, como a pior herança, o pior legado do mundo romano, que é a noção do *carpe diem*, aproveite o dia, aproveite o hoje. Porque as pessoas esquecem que, quando os romanos elevaram o *carpe diem* a uma natureza de virtude, aquela sociedade já estava em decadência. Esse não é o lema do século I a.C. (quando Horácio o escreveu nas suas odes), mas dos séculos III e IV depois de Cristo, quando o Império no Ocidente já começava a se esboroar. Na minha opinião, o *carpe diem* é, talvez, a mais negativa forma de estruturação de valores que se possa ter hoje, especialmente em relação aos jovens. Por quê? Antes de mais nada, porque estamos dizendo aos jovens que não haverá futuro. Estamos dizendo que não haverá trabalho, meio ambiente nem segurança. A mensagem que estamos transmitindo a eles é: "Vocês não têm passado porque não tiveram infância. *Eu tive infância*. Isso que vocês tiveram não pode ser chamado de infância, vocês passaram a vida diante da tevê. E vocês não têm presente. Isso que vocês comem por aí não é comida; é porcaria. Isso que vocês ouvem não é música; é barulho. Isso que vocês usam não é roupa; é andrajo". Em resumo, estamos dizendo que eles não têm história. E quem não tem história não tem projeto de vida. Nós estamos lhes dizendo: "Vivam o presente, *carpe diem*". E essa é a lógica que leva uma parte dos jovens que conheço (e a escola não está lidando com isso) a um nível de exaustão do dia. Eles vivem de forma desesperada, aqui no sentido de ansiedade obsessiva. Tudo é agora. Não existe a noção de tempo elástico, nem a de futuro. "Mas essa pode ser minha última festa. Pai, eu tenho que ir porque amanhã eu posso morrer. Eu preciso aproveitar a vida". Creio que essa lógica de alguém aos 15 anos de idade dizer que precisa aproveitar a vida porque ela está se esvaindo como água pelo vão dos dedos é a pior contribuição que o mundo latino recebeu. Há jovens que, em razão disso, começam a consumir substâncias que teoricamente podem acelerar ou intensificar seu "aproveitamento" – seja ingerindo bebidas alcoólicas em altas doses, seja usando substâncias que aumentariam a capacidade física, que são os energéticos. E aí eles têm de viver a noite como se fosse a última da vida, ficar com o maior número de pessoas possível, dançar até o limite, enfim, é necessário esgotar a *vitalidade*, porque pode ser aquele mesmo o momento do esgotamento. Aliás, esse modelo do "aproveite o dia" é seguido por alguns adultos também.

Yves – Eu faria uma observação a respeito dessa ideia de aproveitar a vida, de que não existe amanhã. A mensagem "aproveite o dia" pode até ser positiva se traduzir um grito de revolta contra uma vida vivida de maneira totalmente heterônoma. Lembremos do filme *Sociedade dos poetas mortos.* Nele, o escopo dessa mensagem é bem determinado, ou seja, ela é dirigida para pessoas cuja vida cotidiana não tem a mínima graça, aquelas que seguem trilhos educacionais preestabelecidos para se tornar isso ou aquilo daqui a não sei quantos anos e, portanto, são totalmente privadas de autonomia. No caso do filme, o "viver aqui e agora", naquele contexto, tem um sentido positivo de libertação, de liberdade... "Epa! Deixe-me viver minha vida, pensar hoje sobre o que eu quero amanhã, me dê autonomia." Porém, fora dessas condições de heteronomia, de um grito de liberdade contra alguma forma de opressão, e tomando o *carpe diem* ao pé da letra – ou seja, o que vale é *apenas* o aqui e agora –, eu concordo com você que se trata de uma filosofia suicida.

A meu ver, isso se relaciona a um tema muito caro da educação: a questão da disciplina. Muitas vezes, quando me falam "indisciplina", pergunto de que indisciplina se está falando. É falta de respeito? Então é um tema moral. É falta de obediência (que não necessariamente é desobediência desrespeitosa, pode ser desobediência sem desrespeito)? Então, é uma questão de autoridade. Mas frequentemente é uma questão de falta de autodisciplina, de dispersão do aluno. E o que é disciplina? Disciplina é força de vontade. Ou seja, para ter disciplina, autodisciplina, é preciso ter força de vontade. Mas isso só desloca o problema. O que é força de vontade? Um parênteses: é interessante notar que em português usa-se a mesma expressão em situações para as quais temos duas palavras diferentes em francês: *envie* e *volonté*. Pode-se construir uma frase em português que pode parecer até paradoxal: "Você precisa ter força de vontade para não sucumbir à vontade". A palavra "vontade" aparece nos dois lados da equação, entendendo-se a força de vontade como superior à vontade. Mas, voltando, pergunto: O que seria essa força de vontade? Eu responderia, inspirado na psicologia, que ela é uma *descentração* da vontade. Por exemplo, imaginemos que um professor está corrigindo provas no domingo à tarde e é convidado a ir a um churrasco com piscina etc. e tal. É provável que a vontade mais forte momentânea seja a de abandonar as provas e ir a esse churrasco. Mas é a força de vontade que o faz não ir, recusar o convite. O que é essa força de vontade? Certamente, é descentração. Ou seja, a pessoa pensa na correção das provas (que provavelmente, naquele momento, não é uma coisa de grande prazer) e avalia: Que diferença faz terminar a correção ou não? Percebe, então, que a atividade envolve a promessa feita aos alunos de que a prova seria entregue, envolve a carreira deles, cuja evolução depende também desse trabalho, ou ainda o prazer que poderá representar discutir com os alunos a prova. Ou seja, desse modo, o professor se descentra do momento e o pensa em função de um passado e de um futuro. E força de vontade, a meu ver, só é possível com esse tipo de descentração. Então, voltando à questão do jovem, se dizemos a ele que o que importa é o hoje, que esqueça o ontem, que ontem é velharia e que ninguém sabe como será o amanhã, o privamos da possibilidade de ter força de vontade. E as coisas em nada melhoram se falamos do presente e do futuro em termos constantemente pejorativos aos jovens. Nossos pais diziam: "Filho, você provavelmente terá uma vida melhor do que eu tive. Se estudar, você vai ter uma vida melhor do que a minha". Mas eu noto que atualmente o discurso é quase o inverso. Vejo isso em casa, na escola, à nossa volta... A gente é extremamente crítico e pessimista na fala com os nossos filhos. "Este planeta vai mal, este mundo vai mal..."

Cortella – "Não tem jeito"...

Yves – Ou "político é tudo ladrão"... No fundo, a gente está dizendo: "Dificilmente você vai ter uma vida tão boa quanto a minha, vai precisar de muita sorte para isso e, se quiser ter, comece a pensar na competitividade já na primeira série e no outro como um 'ele' e não como um 'nós'". Logo, a gente solapa toda e qualquer possibilidade de descentração cognitiva ou afetiva, toda possibilidade de se ter força de vontade. Pois, insisto, para aproveitar o aqui e agora não é necessário força de vontade. É a lógica oposta: se submeter às vontades. "Se tenho vontade de beber, bebo; se tenho vontade de dançar, danço; se tenho vontade de transar, transo; se tenho vontade de dormir, durmo". É assim a vida? Não, não é. Mas acho que muitos jovens resistem à ideia de que ela não é ou não deveria ser assim. Mas nem todos. Uma coisa que me chama a atenção é a seguinte: a garotada da graduação da psicologia se reúne às vezes para tocar música. Então, eles fazem uma roda e pegam um violão. Sabe o que eles tocam? Músicas brasileiras e estrangeiras da década de 1960!

Cortella – Mas você não acha que isso está relacionado a um "desejo do paraíso", à busca do éden?

Yves – Acho que é uma referência ao passado, porque essas músicas são, no fundo, as precursoras do *boom* da música popular. Acho que eles resgatam o passado de uma certa forma. Descentram-se e podem projetar-se para o futuro.

Yves – Para nós, para a nossa geração, sair de casa era condição *sine qua non* para ter liberdade. E a posição dos pais era expressa por algo como: "Está bem, vai, se vire". Agora, não. Hoje, sair de casa é perder a liberdade. Porque sair de casa é pensar no que vou poder comprar, o que vou deixar de comprar etc. Hoje, a maioria dos jovens faz, na casa dos pais, absolutamente tudo o que fariam se estivessem morando sozinhos, mas com as regalias de terem tudo pronto, não precisam pagar nem assumir todas as responsabilidades de seus atos.

Cortella – São "adultos em férias", como disse certa vez o psicanalista **Contardo Calligaris**.

Yves – Exato. E é interessante, veja, ontem dei a primeira aula de um curso de Psicologia do Desenvolvimento, pessoas do primeiro ano de faculdade. Todos ali deviam ter entre 17 e 19 anos. A gente estava discutindo adolescência, e perguntei para eles: "Quando vocês acham que acaba a adolescência?". A grande maioria disse 20, 22, 23 anos. Perguntei ainda: "Então, vocês se consideram adolescentes?". A resposta foi: "Sim". Comentei que as mães e os pais deles certamente teriam tido vergonha de se pensar como adolescentes com essa idade.

E atualmente já não, é aceito. Ou seja, é aceita essa ideia da infância prolongada e não causa humilhação.

Cortella – Nem vergonha.

Yves – De jeito nenhum. Não sei se sentem até orgulho, mas o fato é que encaram com extrema naturalidade a questão: "Ainda não somos adultos". A ideia não é permanecer na adolescência em si, mas a de que eles ainda não são adultos. E creio que isso se deve ao fato de que "ser adulto" dá medo. Contudo, isso é contraditório com o desenvolvimento, que traz embutido a ideia de superação de limites, a superação de si próprio. E aí nota-se o medo, porque a superação sempre nos conduz a uma dimensão ainda desconhecida. Aqui, voltamos à virtude da coragem. Falta coragem para enfrentar o desconhecido, para crescer.

Cortella – Mas ninguém se sente criança se não for tratado como tal.

Yves – Sem dúvida.

Cortella – Então, ocorre aí uma responsabilização recíproca. De um lado, o jovem em uma situação de conforto (quase beirando a conformidade) e, de outro, uma leniência do mundo adulto, ao aceitar essa "infância prolongada". Porque antes, para ter liberdade, autonomia, o jovem tinha de sair de casa. Mas se já não é preciso, por que sair?

Yves – Era necessário conquistá-las.

Cortella – É uma questão de inteligência. Admiro pessoas inteligentes, como os jovens que são capazes de não fazer algo que não é necessário. A questão é que nós, de 40 ou 50 anos, achávamos que sair de casa era uma questão de brio, ou seja, de "ter vergonha na cara", que era a expressão que alguns de nossos pais usavam. Era corriqueiro ouvir o pai dizer: "Você já está com 17 anos. Com a sua idade, eu já estava morando sozinho". Então, havia desafios. Primeiro, o de construir a própria vida e, segundo, o de obter a independência total. E isso levava a um grande ônus financeiro. Porém, hoje, existe a possibilidade de oferecer independência sem o rompimento com a estrutura econômica dentro de casa. Então, esse nível de conforto leva por vezes até o fato de que, em algumas casas, já não existe nem o valor da partilha de tarefas, que é algo especialmente importante quando se vive em uma comunidade – seja a escola, a família, a cidade. Mas sobretudo nas camadas médias, há casas em que o jovem não participa das tarefas domésticas.

Yves – Ainda que "de leve", como lavar a louça...

Cortella – Sim, mas deveria participar. Em uma comunidade, essa partilha das tarefas é indispensável. No meu entender, isso leva a um agravamento da não responsabilização da capacidade de existência fora daquele mundo. Não vejo esse movimento como necessariamente negativo. Durante algum tempo, eu e Janete (com quem fui casado) brincávamos com isto: se vocês (três filhos já adultos) não forem embora, nós iremos. Por fim, saímos de casa – ela e eu – para poder ter um pouco mais de privacidade, porque, a partir de uma determinada idade, os filhos montam uma comunidade maior que ocupa, felizmente, o seu espaço. Eles vêm em turma, ou, como costumo dizer, em *cardume*: o namorado ou namorada, os amigos e, de repente, uma casa que era de cinco pessoas já está com 12 ou 13 e, num sábado à noite, perde-se a possibilidade de ouvir uma música tranquilamente, de conversar etc. Ora, nós saímos por isso, mas também porque, ao nos mudarmos, até nos aproximamos mais dos nossos filhos, pois agora eles fazem uma coisa deliciosa: eles vão à nossa casa. Vão nos visitar, sentam para ouvir música... E, por ser a nossa casa, ela tem um outro patamar de ocupação. Ela não é invadida, mas visitada. Mais ou menos como faziam conosco quando a gente tentava entrar no quarto deles. Quantas vezes pai e mãe se sentem invasores no quarto do filho. E, claro, a maior parte de nós tinha vontade era de ser um ocupante, podendo impedir que ali acontecesse o que não fosse autorizado.

Assim, esse movimento dos jovens, de estenderem o tempo de permanência na casa dos pais, aumenta nossa possibilidade de fruir o tempo juntos. Para tanto, considero necessário estabelecer dois vínculos muito fortes. Primeiro, viver com os pais, mesmo que o jovem tenha mais de 20 anos, não o exime das suas obrigações dentro da comunidade, de partilhar as tarefas para não onerar os outros. Segundo, o fato de não sair de casa, que é um ninho de proteção, não pode significar uma postergação da vida autônoma. Ou seja, é necessário que nós estejamos atentos para que, na formação dos jovens, esteja incluída a responsabilidade, a fim de que ele não se sinta agradado como um pássaro dentro de um lugar protegido, mas que, livre da gaiola, não sabe como agir.

A velha ideia de merecimento, a nova ideia de direito

Yves – Concordo com o que você dizia há pouco de que, claro, é uma questão de inteligência, pragmática: Por que você sairia se não precisa sair? Nós precisávamos sair. Não era uma necessidade monetária, mas de brio, de conceber a si próprio como pessoa livre, autônoma. E aqui eu acrescentaria outro tema, que é a ideia do *merecimento*. Gostaria de ouvir sua opinião a esse respeito. Tenho a impressão de que vivemos em uma sociedade em que a ideia do merecimento perdeu força, notadamente em relação à ideia do direito. Mas o que é de alguém por direito? O que é meu por direito não tem necessariamente relação com o fato de que eu mereça aquilo. Aquela ideia do merecimento – de conseguir com o próprio esforço, "eu mereço isso, me orgulho, depende de mim" – já não parece relevante. Não sei até que ponto os jovens, sobretudo de classe média, mas também quase todo o mundo, hoje, trabalha sobretudo com a ideia de direito por assim dizer "absoluto", ou *a priori*, e não com a de merecimento, ou seja, não é preciso conquistar nada. Dou um exemplo. Há pouco tempo, um pai me contava que sua filha queria fazer Psicologia. Mas ela queria cursar na PUC, e não na USP. Ele estava aborrecido porque, ao aceitar as exigências da filha, teria de pagar o curso na PUC, ao passo que na USP é de graça. Mas resolveu aceitar tais exigências. Eu comentei com ele que aquilo me parecia estranho. Porque tanto a PUC quanto a USP são boas universidades. Se uma delas fosse ruim, eu entenderia, mas não ocorreu a esse pai dizer para a filha: "Não. Você vai ter que fazer de tudo para entrar na USP porque é de graça e é tão boa quanto a PUC. Se houver algo em que um curso seja melhor ou pior que o outro, será em detalhes". Pois ele até ficou surpreso com minhas observações, não tinha lhe ocorrido que não era um direito da filha exigir a PUC apenas por preferência pessoal, não uma preferência realmente abalizada do ponto de vista acadêmico. Ou seja, hoje é tendência dos próprios pais e dos filhos colocarem como direito coisas que deveriam ser – e antes eram – da alçada do merecimento.

Exemplo contrário: uma professora da USP também me chocou num primeiro momento. Ela me contou ter dito à filha que estava no terceiro ano do ensino médio: "Eu paguei os melhores colégios, cursos etc. e tal, mas agora você deve entrar na USP ou em uma universidade federal. Eu não pago faculdade privada". Falei: "Nossa, que severo". Ela apenas disse "sim". Naquele momento achei um pouco exagerado, mas agora concordo, não ao pé da letra, mas concordo com o espírito. Chega um momento em que eles precisam aprender a se preocupar com esse tipo de questão: "Está na hora de você fazer a sua parte. Agora é sua vez de tentar entrar de qualquer forma num curso que seja gratuito".

Cortella – Ou trabalhar para pagar a faculdade.

Yves – Foi isso que aquela professora falou para a filha: "Se quiser fazer uma faculdade paga, você se vira, mas eu não pago". Achei severo, mas considerei que esse tipo de transferência de responsabilidade de certa maneira implica uma questão de mérito.

Cortella – Dos meus três filhos, dois já terminaram a universidade e um está ainda cursando. Aos três eu disse coisas desse tipo com muita clareza. A primeira delas foi quando eles terminaram o ensino fundamental (antigo primeiro grau) e foram fazer o ensino médio (antigo segundo grau), numa escola pública chamada Fidelino de Figueiredo em Santa Cecília, na cidade de São Paulo. Não havia necessidade do ponto de vista financeiro, mas havia uma formação que eu queria que eles tivessem na escola pública – a convivência, os valores que eram partilhados, os aprendizados. Então eles fizeram o ensino médio na escola pública. Quando eles estavam no último ano, foi colocada para eles a seguinte questão (não falo isso aqui como única possibilidade, mas como relato, lembrando o exemplo que você deu da sua colega da USP)... Eu disse: "Vocês têm quatro universidades para escolher – USP, Unicamp, Unesp e PUC-SP. Porque as quatro são boas – não são as únicas boas –, mas as quatro são boas e gratuitas para nós". As três primeiras por serem públicas e a PUC porque eu sou professor lá. "Portanto, vocês entrem numa das quatro". Bom, dois se formaram na PUC, André Sérgio em Publicidade e Ana Carolina em Direito, e o terceiro, Pedro Gabriel, lá está. Está também no Mackenzie e aí é uma opção de outra atividade, porque ele está fazendo dois cursos, então *merece*, para usar a palavra que estava em pauta ainda há pouco.

O que me parece mais negativo, hoje, é que há uma tentativa por parte de jovens e adultos – e isso é uma questão ética séria – de abreviar trajetórias necessárias de merecimento. O que é abreviar trajetórias? É tentar uma tangente (talvez de tanto lidar com os *atalhos* da informática, a gente tenha ficado viciado nessa ideia). O atalho para conseguir o favor, o atalho para alguém asfaltar a sua rua, o atalho para ter uma boa nota, o atalho para sair mais cedo da escola ou para poder faltar. Considero a lógica do atalho muito perigosa, porque o atalho é prático, mas não se pode confundir prático com bom. Muitas vezes algo é prático mas não é bom. Por exemplo, é absolutamente prático comer no *fast-food*. É prático, mas não é sinônimo de bom. Eu não sou avesso obviamente, pois seria tolice não tê-lo também como alternativa de alimentação. Mas alternativa é diferente de constrangimento alimentar, que é o que se tem.

Ora, o que eu chamo de abreviação da trajetória? É aquele ou aquela jovem que acha que tem que fazer carreira rapidamente. Um dos maiores problemas em algumas organizações é o *trainee*. Sabe, há empresas de porte que têm 60 mil candidatos a *trainee* para cerca de 40 vagas. Imagine o número de processos e funis que o selecionado tem de passar. Quando ele é escolhido como um dos 40, a autopercepção dele é tão elevada que ele acredita que se, em dois anos, não for um dos diretores da empresa, ele é um fracassado, o que é incorreto.

Busca-se abreviar a trajetória. É a lógica do jeitinho, a coisa nacional da abreviação da trajetória e, portanto, da caminhada. Outro exemplo atual é a grande parcela de jovens que faz lipoaspiração. Isso encurta o trabalho da ginástica e da dieta. A MTV fez uma pesquisa no Brasil em 2005, chamada Universo Jovem, para a qual prestei alguma consultoria no debate e na divulgação, e uma das questões apresentadas era a seguinte: Você abriria mão de parte da sua inteligência em troca de mais beleza? Pois bem, uma parcela não tão restrita disse que sim!

Yves – O que prova que já abriram mão. (*Risos*)

Cortella – Correto, que já abriram. Por que estou dizendo isso? O que é abreviar a trajetória? É a seguinte lógica: "Eu prefiro me submeter a uma *lipo* a fazer ginástica, embora a *lipo* seja não só artificial, como também tem efeitos colaterais. Eu prefiro tomar anabolizantes a fazer musculação durante muito tempo. Assim fico marombado" – essa é a condição. "Eu prefiro colar e pegar o resumo do livro pronto na internet a ter de ler, por exemplo, Guimarães Rosa, para fazer o exame ou escrever um estudo. Eu prefiro comprar o trabalho..." – há dezenas de *sites* na internet que oferecem trabalhos prontos para o aluno do ensino médio, do ensino fundamental...

Yves – Você vê como a ideia do mérito some, desaparece! Porque se faço musculação e me torno mais forte, eu tenho o mérito, porque fiz exercícios. No caso da beleza propriamente dita, não sei, não tenho muito como negociar com os genes, mas aí reside, aliás, a diferença que os gregos faziam entre beleza e graça. Eles chamavam de beleza o que estava dado, estático. Assim, uma estátua pode ser bela. E a graça é, justamente, a beleza em movimento. Voltando ao nosso tema, o que as pessoas procuram hoje é a beleza. E como a beleza é algo estático, a questão do merecimento não interfere. É só tomar um remédio para se tornar Rambo e pronto. Enquanto a graça exige todo um trabalho sobre si próprio. A rigor, toda pessoa pode ter graça, ninguém está condenado a não ser gracioso. Agora, o que as pessoas procuram é uma beleza "enlatada", em comprimidos, daí a valorização dos atalhos. Contudo, tais atalhos também estão relacionados com os objetivos alcançáveis por essas vias. Há objetivos para os quais todos nós buscamos as trilhas, os caminhos mais rápidos, isso é até normal, mas geralmente não existem atalhos para os objetivos de fato importantes. Eles serão uma mentira. A pessoa pode achar que chegou lá, o estudante pode acreditar que entendeu a matéria porque pegou o resumo na internet. Mas, absolutamente, isso não é verdadeiro.

Cortella – Então, é o que se chama de autoengano. Eduardo Giannetti, a quem antes mencionei, escreveu um livro a respeito da noção de autoengano. E eu insisto nessa questão da abreviação da trajetória porque ela leva, por exemplo, a não ter paciência histórica, pedagógica e afetiva, como dizia o Paulo Freire.

Yves – E a não ter consciência do processo.

Cortella – Claro. E não tendo consciência, não entende o valor do mérito. Dou um exemplo. Você e eu somos professores universitários. Você já imaginou se eu anunciasse hoje para alguém mais jovem o que significa a carreira universitária? Dizer para essa pessoa, por exemplo, que nós levamos 25 anos para passar de professor auxiliar a professor titular e que isso exigiu que a cada quatro anos prestássemos concursos, além da elaboração de inúmeros trabalhos e textos, da participação em congressos, entre outras coisas, ao longo de toda a carreira?

Yves – E ser julgado pelos outros...

Cortella – E ser julgado pelos pares ou pelos superiores...

Yves – Várias vezes por ano.

Cortella – Exatamente, sendo julgado várias vezes ao ano, além do que, ao final de uma carreira de 25 anos, você é um professor titular de uma universidade com um trabalho em período integral, ganhando mais ou menos o dobro do que ganha um jovem que está há cinco anos no mercado de trabalho? Imagine o que pensaria essa pessoa ao tomar conhecimento disso? Não digo isso de forma presunçosa, não estou dizendo que somos especiais por isso, mas creio que a descrição de uma carreira dessa forma é absolutamente risível!

Na escola pública o quadro é ainda mais terrível. Quando o aluno – por exemplo, do ensino médio – tem noção do salário docente, ele olha para o professor e fica imaginando: "Por que você faz isso?". Não estou aqui fazendo a exaltação da missão, da tarefa messiânica; não é isso. Novamente trata-se da reflexão sobre o que significa *merecimento*. Outro dia vi, em um de seus livros, uma lista de suas obras já publicadas. Eu olhava e pensava (sinto isso em relação a minha trajetória também): "Que delícia! O Yves deve ter um imenso orgulho de sua obra". Não me refiro a este ou aquele livro publicado. É o orgulho da obra.

Yves – Do conjunto das realizações.

Cortella – Isso. E sim, merece, porque isso foi feito numa trajetória que não foi abreviada no sentido oportunista do termo, no sentido mecânico ou pragmático. Trata-se de uma obra construída ao longo da carreira. O que nos leva de volta à noção de merecimento. Hoje se fala muito da exclusão do mérito no cotidiano, entendendo-se o mérito como o fato de se elevar a condição de algumas pessoas, anulando a de outras. Nesse caso, sim, seria algo negativo – a meritocracia é muito diferente do reconhecimento do mérito. Uma curiosidade: a palavra "merenda" se liga, etimologicamente, a mérito. Porque *merere* em latim, de onde vem "merecer", deu origem também a "merenda".

Yves – Eu não sabia.

Cortella – Em latim, esse era o nome dado à refeição do fim da tarde da elite – para que os nobres não ficassem com fome enquanto esperavam a hora do jantar. Isso significava que alguns mereciam aquilo. Quem não merecia? O não nobre, o escravo, o estrangeiro. Assim, merenda tinha a ver com merecimento. Aos poucos, felizmente, essa lógica foi se alterando. E por que eu falei disso? Porque a merenda surgiu como privilégio, mas o mérito não deve ser entendido como privilégio. O mérito tem de ser aquilo que é alcançado com persistência.

Yves – O mérito como privilégio é similar ao tema da honra. Há dois tipos de honra: a honra-precedência e a honra-virtude. A honra-precedência se caracteriza por alguém exigir deferência – por exemplo, por ser nobre. Nesse caso, trata-se de um privilégio. Já a honra-virtude é a proveniente das habilidades pessoais. Aí, sim, há mérito.

A honra como autorrespeito e o respeito ao outro

Cortella – Pensando no tema da honra, eu me lembrei de que, quando cursei o ensino fundamental, honra era, por exemplo, não denunciar um colega.

Yves – Isso é uma virtude, é honra moral.

Cortella – Se acontecia de um colega, de forma tola, atirar um pedacinho de giz nas costas da professora, quando ela se virava e perguntava: "Quem foi que fez isso?", ninguém dizia nada. Então, ela chamava a diretora, que nos comunicava solenemente: "Se ninguém se denunciar, a classe será suspensa por dois dias". E ninguém fazia nenhuma denúncia. Isso era chamado de honra. Talvez fosse até uma noção um pouco estranha de honra, porque poderia redundar depois em corporativismo, que atinge algumas profissões. Mas seu ponto de partida era a lealdade. Será que isso não conduziu a gente para uma sociedade que entende que qualquer acusação seria quebra da honra?

Yves – Creio que não. Veja bem, gosto muito do conceito de honra e tenho trabalhado com ele nas minhas pesquisas sobre vergonha. Mas, voltando aos dois tipos de honra existentes: há aquela conferida *a priori* (porque a pessoa é nobre ou ocupa determinada posição), que não nos interessa aqui, mas há a honra virtuosa, ligada à virtude, a categorias morais. Exemplo: ao não denunciar a pessoa que fez algo errado, no fundo, voltamos à lógica do "nós" e "eles". No contexto que você citou, o professor é o "ele" e os alunos formam um "nós", por mais que um deles não goste especificamente da pessoa que jogou o giz. Acho que é uma boa forma de solidariedade interna, no sentido de que é resultante das relações entre os próprios alunos; não se trata de uma solidariedade imposta. Desse modo, creio que isso não levaria à tolerância sem limites, a aceitar qualquer comportamento. Naturalmente, o caso seria outro se fosse alguma coisa grave, algum crime etc. Porém, como prática de resistência à autoridade, como forma de estabelecer laços de reciprocidade, considero um aprendizado saudável. Acho boa a postura da diretora: "Se vocês não contarem, todo mundo vai...". É adequada a lógica do outro lado também. Eles estão participando de um jogo: "Vocês não querem dizer. Então, todos vão pagar"; condição aceita pelos alunos.

Cortella – Vamos esmiuçar mais um pouco a questão. Como docente, digo que a gente tem sempre que falar a verdade. Posso eu entender a omissão da verdade como sendo aceitável?

Yves – É um dilema kantiano.

Cortella – Certamente. Até acho que em algumas situações é aceitável. Por exemplo, quando o meu filho ainda pequeno me mostrava um desenho e perguntava: "Pai, tá bom esse desenho?", naturalmente, eu dizia que sim, mas o que eu omitia era a sequência da frase que estava na minha cabeça: "de acordo com as circunstâncias". Suponhamos que alguém solicite minha opinião assim: "Ficou bom o meu cabelo?". Eu tenho que responder afirmativamente, mas não vou dizer, mesmo que o pense, "de acordo com as circunstâncias". Por que estou falando isso? Porque acho que uma das regras da convivência civilizada reside na capacidade do ser humano de *ser sincero sem ser franco*. Ou seja, tudo que se disser tem de ser verdade, o que não se deve é dizer toda ela sempre, pois há momentos em que o aclaramento de toda a verdade beira o patamar da ofensa. Assim, sou um defensor da sinceridade, mas acredito que a franqueza deva ser reservada a situações específicas, quando há urgência ou quando ela é solicitada. Se você me perguntar: "A minha aula foi boa?", eu posso contestar: "Você quer que eu seja sincero?". Então provavelmente você diria: "Já sei; não foi". Mas eu posso ser sincero sem ser franco: "Veja, gostei muito disso, daquilo". Mas não falo do conjunto. Você sabe, em português, a noção de "franqueza" está relacionada à maneira como os brasileiros viam os franceses, porque ela veio exatamente dessa ideia de que os franceses tinham um jeito rude de se relacionar, uma vez que não seguiam os padrões da diplomacia italiana ou espanhola, por exemplo, que de modo geral é a diplomacia da espada. (*Risos*) Mas os franceses tinham o hábito – e até hoje têm, como cultura – de ser muito francos.

Yves – E isso choca bastante os brasileiros. Se um brasileiro está na França, telefona para um francês e o convida: "Você quer vir à minha casa esta noite?", ele às vezes responderá apenas "Não, obrigado". No Brasil, diz-se: "Não posso"; "Não posso porque tenho outro compromisso" etc. Aqui, a resposta é sempre algo desse tipo. Nunca se diria: "Não, obrigado, hoje não quero".

Cortella – Aqui no Brasil, se você, por exemplo, entra em uma sala em que alguém está trabalhando e indaga: "Eu o incomodo?", a resposta será algo como: "Não, já ia parar um pouquinho". O francês responderia "sim". Creio que é importante que procuremos trabalhar essa distinção entre sinceridade e franqueza com os alunos, como forma de civilidade.

E retomando um pouco antes, o que você comentava sobre a honra, eu me pergunto o que seria a honra da parte do professor. Entre os alunos, ficou clara a questão da honra virtuosa. E do lado docente? A nossa honra estaria em não abrir mão da nossa autoridade docente, em não desistir, em ser determinado, a nossa honra estaria em sermos competentes?

Yves – Acho que a nossa honra é composta por tudo isso. Não gosto muito da referência à autoridade, mas competência é indispensável... Enfim, vamos analisar a questão. Nós somos professores, mas antes de mais nada somos seres humanos dentro da sala de aula. Vamos exemplificar. Digamos que estou dando aula e verifico que há um aluno dormindo. O que eu faço? Geralmente paro a aula (que, aliás, tem o efeito de acordar a pessoa imediatamente; era o zumbido da aula que a fazia dormir!), dirijo-me a ela e lhe digo: "Não pode dormir porque é uma falta de respeito". Não digo que não se pode dormir *na frente de um professor*. A mensagem é a de que, ao dormir, a pessoa está fazendo como se eu não existisse, e isso é inaceitável. Talvez, alguns pensem que o essencial é que seja respeitada a figura do professor (se fosse outro aluno dando um seminário, não teria problema). Ou então, alguns podem achar que se deve acordar o aluno porque a aula é muito importante. Mas, para mim, o essencial não está nem na figura de autoridade nem na finalidade pragmática de que determinados conteúdos sejam aprendidos. O essencial está no respeito devido a outrem. Aí há uma questão de honra: eu não aceito ser desmerecido, ser desrespeitado por ninguém, não como professor, mas como ser humano. Geralmente o aluno aceita isso. Às vezes, acontece de ele explicar: "Desculpe, mas eu não dormi a noite toda". Ao que então eu digo: "Ah, é isso? Então pode dormir.

Mas deveria ter explicado as razões de seu possível sono". É diferente quando alguém argumenta: "Talvez eu não consiga ouvir a sua aula. Portanto, se eu praticamente desmaiar na minha cadeira, não é falta de respeito, é sono de verdade". Então, tudo bem.

Então, o patamar mínimo de honra do professor é a honra de qualquer pessoa. Conversando com alunos, já observei que um professor de que os alunos não gostam é justamente aquele que não se defende. Sabe, o professor que deixa fazer bagunça, que deixa dormir – em uma palavra, que é indiferente. Eles até gostam no aqui e agora. Enquanto o professor os deixa conversar, eles estão felizes ali. Mas, retrospectivamente, quando vão avaliar o curso e a figura do professor, este é um de quem eles não gostam. Acho que eles não respeitam o professor que não se respeita. Honra é também autorrespeito.

Cortella – Concordo com tudo isso, especialmente em um ponto: o aluno que dorme em sala de aula está com um problema, seja de condições físicas, seja de interesse. Quando faz isso, sinto que ele – e vou usar uma palavra que acho forte porque, para mim, ela é uma das que levam à fratura ética – tem uma postura de desprezo. Mas se eu, professor, admito isso, também tenho eu uma atitude de desprezo. Por mim e por ele. Porque, como sou um educador – e, portanto, tenho para com ele uma responsabilidade pedagógica –, quando eu não vou até ele para saber as razões daquele ato, estou desrespeitando a minha tarefa e a dele como aluno. Então, haveria um desrespeito recíproco.

Yves – Às vezes acontece até de o aluno, no final da aula, vir se desculpar. Talvez ele se torne um excelente aluno, talvez se aproxime mais depois disso, porque ele sentiu que foi respeitado e foi levado em conta como pessoa, e não representa apenas mais um, não é só um número.

Cortella – Sabe, Yves, acho que é preciso retirar do espaço escolar o desprezo. Por exemplo, o desprezo pela escola pública, por parte inclusive de alguns de seus próprios professores, que vivem uma espécie de esquizofrenia ética, pois sendo docentes tanto da rede pública quanto da rede privada, comportam-se de um modo na primeira e de outro na segunda. Na rede privada de ensino, ele vai às reuniões, não deixa de fazer o planejamento. Já na rede pública ele se ausenta, utiliza todas as licenças, como se elas fossem obrigatórias, ele despreza o trabalho. Há quem use a escola pública até como ameaça para os filhos: "Se você não estudar, vou colocá-lo numa escola pública. Você vai ver o que é bom!". Esse é um desprezo profundamente negativo, porque acaba contaminando a visão que se tem dos alunos: "Essa meninada não sabe nada"; "Eles não merecem a aula que preparei". Como se ali não houvesse necessidade de desenvolver um trabalho coletivo, um trabalho pedagógico da escola.

Nenhum jovem, nenhuma jovem deixa de se interessar por aquilo que os interessa. Se estou em uma atividade em sala de aula que não merece o respeito recíproco, alguma coisa está errada naquele ponto. Não dá para desprezar o aluno e supor que haja ali um *deficit* de pessoa, que haja menos gente ali dentro. Esse desprezo é muito negativo.

Yves – Negativo e moralmente condenável, e, do ponto de vista pedagógico, extremamente nocivo. A ideia de não levar a criança, o aluno a se superar... Você falou bem, na escola pública, onde o trabalho do professor faria mais sentido, ele acaba não acontecendo.

Mas voltando à discussão sobre honra, eu a vejo como algo mais pessoal, não gosto muito da ideia da honra da profissão. Porque, para mim, esse é um conceito essencialmente moral. Eu não pensaria na minha honra como psicólogo, mas no meu dever como psicólogo. Eu vejo a honra como autorrespeito. E, não sei se você concorda, mas acho que a profissão de educador hoje carece de autorrespeito.

Cortella – Muito. Antes de qualquer coisa, porque ele é autoindulgente em muitas situações...

Yves – E autorrespeito não é autoindulgência (voltamos ao merecimento). Pelo contrário, é exigência.

Cortella – É verdade. É curioso porque a palavra "respeito" significa "olhar para trás". Ter uma atitude de respeito é ser capaz de olhar para trás, ser capaz de olhar a minha trajetória. Pensando na ética da vida coletiva, é ser capaz de olhar para trás também para ver se não ficou ninguém de fora – no sentido de estar fora da casa, fora do *ethos*, fora da nossa habitação. O que nos remete à clássica frase: "O hábito não faz o monge". Muita gente imagina que "hábito", aí, se refere apenas à roupa do monge, mas o sentido é de "hábito" como morada, como habitação, como casa ou *habitat*. O nome da roupa, *habitus*, identificava de que casa era cada monge, ou seja, na Igreja medieval se dizia "ele é da Casa de São Francisco, ele é da Casa de São Domingos, ele é da Casa de São Bento". Por isso se usava o *habitus*, que era a roupa que identificava a habitação. Assim, "O hábito não faz o monge" significava dizer que sou da Casa de São Francisco, mas que isso não...

Yves – Não esgota a questão.

Cortella – Não me dá a identidade completa. Ora, essa ideia de habitação informa a que grupo pertenço, de onde sou. Então, pensando sobre a honra, como autorrespeito, questiono: O que seria minha honra como educador? Seria eu ser um educador íntegro? Sem dúvida! E o que é integridade? É ser honesto, sincero, solidário, humilde, e assim por diante. Isso me dá inteireza. Ou seja, minha casa fica em pé.

Yves – Acho que a importância da honra e da integridade vale para todos, ou seja, elas são necessárias para qualquer profissão. Agora, pensando nas ideias de casa, nessa acepção, e de inteireza, eu diria que a identidade específica do educador está mais no conhecimento do que na sua transmissão. É claro que o trabalho de um professor é transmitir o conhecimento. Porém, penso que alguém só pode transmitir o conhecimento se acreditar firmemente que ele é uma riqueza em si, e que o fato de ter esse conhecimento o torna mais rico. Então, acredito que o orgulho do professor, o orgulho que ele deveria ter, residiria no fato de que ele é uma pessoa que detém o conhecimento e, portanto, o transmite. E tenho a impressão que hoje ocorre o contrário. Quer dizer, a identidade do professor está mais ligada à sua tarefa como um técnico que transmite alguma coisa, mas que não sente que isso lhe pertence.

Dou um exemplo. Eu me lembro dos meus tios, na França, que eram professores primários, *instituteurs*. Muitas vezes eles discutiam entre si um tema, que é delicioso e tirânico na França, a ortografia (a ortografia francesa é complicada), e um ponto de honra para eles (honra, aqui, no sentido menor da palavra) era fazer um ditado *sans faute*, sem erro. Ou seja, a grande discussão deles era a competência que eles tinham na língua francesa. Hoje em dia, acho que muitos professores se tornaram pedagogos demais. Só pensam, ou pensam essencialmente, na eficácia da transmissão do conhecimento, mas, para eles, o conhecimento não é um valor. Eu observo, não sei se você já notou... Veja a quantidade de professores que falam mal o português, com erros em relação à norma chamada culta. Não estou me referindo a formas regionais de falar, mas sim a erros propriamente ditos, como, por exemplo, dizer "haviam pessoas" em vez da forma gramaticalmente correta que é "havia pessoas". E estão ensinando... Veja bem, não me pergunto como é que alguém que fala errado vai ensinar o certo, porque essa pessoa provavelmente sabe muito bem como se expressar corretamente. O que me pergunto é: "Como é que alguém que parece não valorizar o uso correto, ou os usos corretos, aceitando-se a variedade regional, vai passar o valor daquele conhecimento para seus alunos?". Acho que muitos professores que conseguem bons resultados, que conseguem estimular seus alunos, são aqueles que mostram, de uma forma ou de outra, que eles dão muito valor àquilo que vão ensinar. O professor completo, ideal, é alguém que adora matemática, adora português, adora geografia, adora aquilo que ele for ensinar e também, evidentemente, respeita e se preocupa com a transmissão.

Cortella – Certamente a gente só encanta quando se encanta. Se eu não estiver encantado com o meu objeto de conhecimento, eu não posso encantar o outro. No sentido não de fetiche, mas de sedução gnoseológica. Há um jogo de sedução, mas só é sedutor quem já está seduzido. Ou seja, há tanto mais charme quanto mais charme eu achar que há. Você citou o papel do erro, que é algo muito importante. Evidentemente, o erro tem um lugar especial na construção do conhecimento. Não existe conhecimento sem a possibilidade de erro. Porém, não se deve confundir erro com negligência, desatenção ou descuido. É inadmissível que, como professores, a gente admita a negligência, a desatenção ou o descuido naquilo que se ensina e no modo como se ensina. O erro sim, claro, ocorre.

Yves – Pensar o contrário seria prepotência.

Cortella – Aliás, o erro não é algo para ser punido, mas para ser corrigido. O que deve ser punido é a negligência, a desatenção, o descuido. Há quem diga que a gente aprende com os erros, o que é uma bobagem. Aprende-se com a correção dos erros. Se a gente aprendesse com os erros, era só ir errando bastante, era o melhor método pedagógico. (*Risos*)

Yves – Seria fácil!

Cortella – Costumo dizer que erro é como cogumelo. Todo cogumelo é comestível – lembrando-se sempre que alguns o serão uma única vez. Assim também ocorre com o erro – só cometeremos alguns deles uma vez. Então, não se confunda erro com negligência, desatenção ou descuido. E como você bem observou, um docente que não dá valor ao modo como ensina nem ao conteúdo ensinado talvez devesse realizar outro tipo de trabalho. Porque certamente não dá para ter respeito por alguém que (retomando a palavra que usei antes) despreza a inteireza daquele tipo de conhecimento e banaliza tanto o modo de transmissão quanto o seu conteúdo.

Yves – E os alunos percebem isso.

Cortella – Sem dúvida.

Yves – Eles percebem que a pessoa não se respeita; que, no fundo, ela mesma não tem nenhum prazer, não sente nenhuma alegria especial com aquele conteúdo. Considero isso um erro, mas também devemos nos perguntar qual a vocação de ser professor. Não sei se existem estudos sobre isso, mas que vocação é essa? No meu caso, a vocação para ser professor universitário estava relacionada sobretudo ao conhecimento... Acredito que dar aulas é uma decorrência natural de gostar daquele conhecimento.

Cortella – Claro, a *filo*sofia,* ou seja, você tem uma ligação, um afeto forte pelo saber.

Yves – Isso!

Cortella – Que interessante! Você levantou uma questão essencial quando fala da finalidade, do "para que serve" o que faço. Eu, como você, tenho orientandos de mestrado e doutorado na universidade. E toda vez que começo uma orientação, especialmente quando o aluno está fazendo uma pesquisa, peço que ele apresente para mim, antes de mais nada, um arrazoado que seja um estudo inicial, uma reflexão sobre a importância de sua disciplina, de seu estudo. Em outras palavras, que me diga: Que falta faria se não existisse educação física no currículo? Ou se não existisse matemática na grade curricular? O que mudaria na vida dos alunos? Como isso demora um certo tempo para ser feito – porque, lembrando Albert Camus, boas razões para morrer são boas razões para viver também –, nesse trabalho de construção de uma argumentação, o aluno vai ao mesmo tempo percebendo como é sua relação com o seu objeto de pesquisa.

Yves – A pessoa se engaja.

---

* Conforme a etimologia da palavra, do grego *philosophía*, "amor à sabedoria". (N.E.)

Cortella – Na sequência, peço que ele escreva sobre outra questão: "Tá bom, você justificou porque existe esse conteúdo. Agora eu pergunto: 'E que falta faria se você não existisse na Educação? Que falta faz você na escola?'". Assim, começamos a trabalhar o ponto de vista ético. Aí estou usando a palavra "falta" em duas dimensões. "Que falta faz Mario Sergio?" – ou seja, no que eu falho, quais são as minhas faltas, e no sentido de por que eu precisaria ali estar. Por que falo disso agora? Porque é importante saber qual a razão da minha atividade, quer dizer, por que faço o que faço e por que faço isso e não aquilo.

Yves – Voltamos, assim, ao tema da ética.

Cortella – Exatamente... Por que faço isso, qual a razão? Qual é o motivo, o que me move?

Yves – Na universidade não é tão usual, mas os professores de ensino fundamental e médio com frequência ouvem os alunos perguntarem: "Mas para que serve isso que você está ensinando?". Os professores dos primeiros ciclos podem dar uma resposta um tanto óbvia, explicando que tais conhecimentos são utilizados no dia a dia, afinal, a gente faz contas quando vai ao supermercado (usando a matemática), a gente precisa escrever bilhetes (usando o português) etc. Mas, a partir da quinta série, quando se entra no mundo da ciência pela ciência, a questão muda. Qual o sentido da pergunta "para que serve?". De novo voltamos para o "aqui e agora", para o pragmatismo. Na minha opinião, o professor deve ser honesto, dizer para o seu aluno que "não serve para nada". Quero dizer com isso que se o aluno quer um uso instrumental, imediato, daqueles conhecimentos, não encontrará nenhum. Mas, evidentemente, essa seria uma resposta muito pobre se ficar só nisso. Acho que é necessário redimensionar o que significa "servir". Primeiro, é preciso abandonar essa noção de finalidade objetiva imediata: "Eu saio com minha matriz matemática e no clube eu já uso". Pode-se tentar justamente resgatar a curiosidade, a alegria de construir conhecimento. Estamos em um mundo em que a tecnologia fagocita o conhecimento. Parece que o conhecimento que não se transforma em tecnologia não presta. Bem, assim, pobre Filosofia, pobres Letras, pobre Música, pobre toda área que não tiver uma aplicação prática instantânea.

Mas é perfeitamente compreensível que o aluno faça essa pergunta, hoje, pelo materialismo, pelo uso instrumental que se faz de tudo. Às vezes, me chama a atenção o professor não dar essa resposta. Talvez ele também não saiba para que serve. Ou, melhor dizendo, talvez entenda que a única finalidade que serviria como resposta seria um uso pragmático. Mas à ciência muitas vezes compete um servir ético, um servir para o sentido, digamos que é o prazer e a alegria com o exercício da própria ciência. E talvez muitas pessoas não sintam isso.

Cortella – Minha história pessoal em relação ao conhecimento foi curiosa. Quando cheguei a São Paulo, recém-saído do Paraná, tinha um sotaque com o "r" mais puxado e acentuado, que é como se fala naquela região. Portanto, na escola, eu era a vítima preferencial dos meus colegas de sala.

Yves – Você se destacava na paisagem!

Cortella – Exato. Num país em que se privilegia tanto um único centro de irradiação de idioma, achava-se que eu falava errado só porque pronunciava alguns sons de modo diferente. Assim, eu era vítima daquela situação por conta de dizer "porta", "porteira" com um "r" mais puxado. Já contei essa história algumas vezes, pois a aprecio bastante, mas você verá por que a repito aqui. Eu fui salvo disso, Yves, na sétima série, quando entrou na escola um novo professor de matemática chamado Edson – um grande professor. Tendo chegado da Bahia naquele mês, ele trazia o modo baiano de expressar a sonoridade do português. Ele entrou em nossa sala, colocou-se diante de nós e disse: "Nós vamos estudar produto cartesiano" – acentuando o "e" do cartesiano. A partir desse dia fui libertado da opressão dos colegas – deixei de ser o alvo das zombarias porque ele passou a ser o alvo com o sotaque que trazia. Então, sou eternamente grato a ele por essa libertação. Mas sou grato a ele também por outra razão. Conheci Descartes exatamente por meio de suas aulas sobre produto cartesiano e me interessei por esse pensador (até publiquei um livro, *Descartes, a paixão pela razão*, em que homenageio esse professor logo na abertura). O curioso é que foi com esse professor que vivi uma história do "para que serve". Ele foi nosso professor também nas séries subsequentes. Um dia, na primeira série do ensino médio, antigo colegial, ele estava ensinando equação de segundo grau e falava da fórmula de cálculo da raiz do delta (da qual me lembro até hoje, embora não tenha noção de sua utilidade, uma vez que não é a minha área direta).

Yves – O famoso $b^2 - 4ac$.

Cortella – Exato. Quando ele estava explicando isso, eu, com cerca de 15 anos, levantei o dedo na sala de aula e fiz a inevitável pergunta: "Professor, para que serve isso?". Ele me deu uma resposta inesquecível – que, aliás, mudou o meu modo de ser professor mais tarde. Ele disse: "Um dia você vai saber". Eu até hoje não sei, porque não entrei nessa área, mas ele produziu em mim um efeito extremamente curioso. Ele me desinteressou pelo assunto. Ao ouvir "um dia você vai saber", tomei a decisão mais sábia possível para alguém com 15 anos. Pensei: "Eu vou esperar esse dia chegar. Então não preciso me interessar por isso agora". E esse pragmatismo juvenil se expressa no nosso trabalho como docentes, por exemplo, quando a gente pede aos alunos, na universidade, que eles leiam um texto para a próxima aula e não usa necessariamente o texto lido naquela aula, como foi solicitado. É muito comum que haja um aluno que diga: "Professor, o senhor não vai tratar do texto que pediu para a gente ler?". Se respondo: "Não, eu já tratei de outro modo, indiretamente", ele retruca: "Mas eu perdi a tarde inteira lendo esse texto" (pois é, a expressão é "perdi"! Ele não diz "Eu *usei* a tarde toda para isso"). Então, o pragmatismo tem a ver com uma noção de tempo perdido ou não.

Yves – É o instrumental.

Cortella – Se há algo que a filosofia, a arte, a ciência e a religião necessitam é de tempo útil. Mas o tempo útil é aquele que se usa e não se perde. Há pessoas que dizem frases desesperadoras, como: "Você não teria uma sugestão de um livro para eu passar o tempo? Vou viajar, preciso de um livro para matar o tempo...". Mas por que essa pessoa quer matar o tempo? Para mim, os livros vivificam o tempo; não o matam. Então, acredito que o não pragmatismo (e, portanto, o não imediatismo) é um dos valores que precisam estar presentes no nosso cotidiano.

Sobre a contemplação, o tédio e o ócio

Yves – Talvez se possa dizer que um dos males éticos dos nossos tempos é o tédio. Porque se é preciso se estontear, se é preciso passar o tempo, não usá-lo, mas passar o tempo, isso ocorre porque, na verdade, há um grandíssimo inimigo que é o tédio. O que é o tédio? É não saber ocupar o tempo, por não ocupá-lo no sentido nobre da palavra, o tempo da vida, ou seja, o sentido nas acepções de *direção* e de *razão de viver*. Como a pessoa não tem muita noção de por que acordar amanhã, não tem muita noção do que vai acontecer, ela precisa viver no aqui e agora e talvez não consiga passar este momento se não tiver alguma forma de *gastá-lo*.

Cortella – Nesse sentido, parece que a possibilidade da contemplação foi esquecida. A contemplação da obra, do som, do outro. Isso exige uma visão diferente do tempo; trata-se do tempo para você e não daquela noção do tempo que se esvai. Creio que quando você fala do tédio, Yves, está trazendo à tona um tópico muito importante. Tenho certeza de que uma parte significativa dos alunos das escolas acha as aulas entediantes.

Yves – Mas me dá a impressão de que eles não estão entediados só na sala de aula.

Cortella – Mas nela especialmente, porque ali eles estão fechados.

Yves – Porque ali eles não têm escolha.

Cortella – Não, não têm. Na vida social, coletiva, há instituições que têm portas para as pessoas não entrarem – como estádios de futebol, teatros, cinemas, danceterias. E outras têm portas para as pessoas não saírem – as escolas, as penitenciárias, os hospícios, tudo aquilo que Michel Foucault estudou em seus livros *História da loucura* e *Microfísica do poder*. Veja que curiosa a diferença entre as noções de tédio e de ócio. Ócio não é entendido como tempo desocupado. Por exemplo, um prisioneiro não tem ócio. Um aluno que não tem o que fazer na sala não está numa situação de ócio, está entediado. Como se fala bastante hoje em "ócio criativo",* eu tenho usado uma outra expressão, que me parece melhor, que é "ócio recreativo". Porque o ócio criativo ainda dá uma certa noção de finalidade.

Yves – De trabalho.

Cortella – Exato, de trabalho. Aliás, o mundo empresarial usa muito essa expressão, o ócio criativo. Contudo, gosto mais de ócio recreativo, pois *recreare* (do latim, a noção de "criar

---

* Expressão cunhada pelo sociólogo italiano Domenico de Masi. (N.E.)

de novo") traz a presença do lúdico como um valor para o aprendizado e para o conhecimento, tema amplamente estudado por Piaget. Quer dizer, qual o lugar do lúdico e da alegria em nossas atividades? Há uma incrível beleza em se recriar o trabalho, o cotidiano, a cada momento.

É interessante pensar, por exemplo, como a educação infantil (aquela de 0 a 6 anos, ou mais diretamente de 4 a 6 anos) durante muito tempo foi entendida como mera recreação... Veja a alegria que existe em uma escola de educação infantil: ao passar ao lado de uma, ouve-se o riso das crianças, ouve-se aquela correria em direção ao parque... Aquilo dá um bem-estar maravilhoso, sentir um grupo de crianças feliz. Aí, quando elas entram no ensino fundamental, o ócio recreativo desaparece, sendo parcialmente substituído pelo tédio. Porque também nós, docentes, em várias situações, consideramos tedioso ensinar. Há um descompasso que deve ser superado, porque do tédio pode-se chegar à rejeição do outro, que passa a ser visto como responsável pelo nosso tédio. Como nossos filhos nos dizem (ou nós, quando crianças, dizíamos para nossos pais): "Puxa, não tem nada para fazer nesta casa!?!". Como se alguém tivesse que nos oferecer o que fazer e nós não tivéssemos que inventar por mérito próprio... Acho que a honra como valor, retomando o tema, é a capacidade de inventar um uso do tempo e, portanto, ser o senhor da sua vida e não só *O senhor dos anéis*.

Yves – E inventar pode ser refazer, recriar, como você lembrou.

Cortella – Claro!

Yves – Mas penso que a questão do tédio também está ligada à falta de perspectiva. Quer dizer, o tempo se torna quase absurdo – retomando Camus, embora em um viés diferente. Hoje é muito presente a sensação de "falta de sentido", que é difícil e pesada. Creio que são necessárias mais pesquisas sobre a questão do tédio, sem confundi-lo com o ócio.

Não sei como é sua experiência, mas a impressão que tenho dos alunos do terceiro grau para os quais dou aula é de que eles, na verdade, não têm muito interesse pela matéria. E veja que a minha disciplina fala de desenvolvimento, fala de criança, fala de moral, enfim, trata de questões próximas do cotidiano. Há matérias que podem ser consideradas mais longínquas, mais abstratas, o que não é o caso da minha. Mas sinto que o interesse deles pela ciência psicológica não é tão forte como deveria ser – ou como se poderia esperar que fosse. Afinal, estamos falando de pessoas que investiram no vestibular, investiram um ano ou às vezes mais para entrar na universidade. É como se eles não tivessem interesse, é como se toda aula fosse de certa forma entediante porque não tem uma curiosidade, uma fome de assimilação de saber. Ou talvez a fome seja extremamente individualista. Por isso creio que o tédio, a noção de *blasé*,* é um tema que merece nossa reflexão. É incongruente um jovem de 18 anos que se coloque na posição de *blasé*... A condição de *blasé* é mais compatível com a visão de alguém de 40, 50 anos.

Cortella – Mas existe gente que é *blasé* aos 14 anos, que tem aquele ar entediado. Aliás, há um momento da adolescência em que o ar *blasé* vem muito mais da arrogância do que, de fato, da sensação de tédio.

---

* Palavra francesa que serve para expressar um tédio generalizado por tudo, indiferença, por razões reais ou por afetação. (N.E.)

Cortella – Yves, se me permite um pequeno retrocesso, é interessante como Albert Camus vai e volta na nossa conversa. Uma das coisas dele que mais aprecio n'*O estrangeiro* é a parte final, quando Meursault, a personagem central, está fechado na cela aguardando o enforcamento e ouve a multidão. Ele a ouve apupando, vaiando e gritando seu nome, enquanto aguarda o julgamento. Fora da prisão, está aquela situação, e ele sabe que vai morrer.

Yves – E ele está feliz.

Cortella – Sim, está tranquilo. A coisa que mais me assustou quando li *O estrangeiro* foi justamente a serenidade de Meursault no momento da morte. Foi o professor que nos fez ler o livro, acho que eu tinha uns 14 anos, mas aquilo nos fez muito bem. Foi um ato de autoridade dele, mas também um ato de afeto imenso. E, às vezes, olhando algumas situações da vida, especialmente o comportamento de alguns jovens, penso na questão ética, e me lembro do final d'*O estrangeiro*. Porque creio que, às vezes, os jovens atuam de modo risível, ridículo, mas também aterrador, quando querem "impressionar" – tal como Meursault acalmou o transtorno mental que ele vivia com o grito da multidão que o aclamava próximo à morte.

Atualmente, com alguma frequência, deparamos com notícias de violência juvenil e, como trabalhamos na área educacional, sempre nos perguntam o que levaria um jovem a matar a família. O que levaria um menino em Ribeirão Preto a dopar o pai e esfaqueá-lo até a morte apenas porque o pai o havia repreendido. Ou o que levaria uma menina, em Campinas, a supostamente liquidar parte da família. O que levaria alguém a dar um tiro em John Lennon, há 25 anos, um quarto de século...

Yves – Foi em 1980.

Cortella – É, ele foi assassinado em 1980. Muitas vezes acho que é um desejo de sair do anonimato e ver sua vida ganhar algum sentido, mesmo que esse sentido seja o grito da multidão. Aquele grito que vai acalmar, vai dar serenidade a esse indivíduo. Portanto, o jovem empunha a arma.

Veja, há muito tempo, o que a sociologia chama de "bens diferenciais" vem sofrendo alterações. Um exemplo: nos anos 50, um jovem como eu carregaria na escola como bem diferencial um isqueiro Zippo, que era o símbolo da Guerra da Coreia. Então, ter um isqueiro era uma afronta e era um bem diferencial dentro da escola. Nos anos 60, era uma caneta Parker, certo? Nos anos 70, o diferencial era o aluno estar com um tênis especial.

Yves – Matava-se por isso.

Cortella – Nos anos 80, talvez fosse a menina ter uma sandalinha Melissa e uma pochetinha. E, no caso dos meninos, levar algum tipo de bebida alcoólica. Pois, nos anos 90, passou a ser levar uma arma. Como é que os bens diferenciais em relação ao grupo foram se alterando ao longo das últimas décadas a ponto de se ter hoje a arma como bem distintivo?

Essa forma de distinção talvez seja expressão de uma busca desesperada de fugir do anonimato, mas, ao mesmo tempo, ela rejeita a anomia de que falávamos antes, quando nos referimos a Durkheim. E essa rejeição que vem do desespero leva a atos que parecem impensados, mas eu penso que, antes de mais nada, é uma busca de serenidade – e aí eu concluo que, metaforicamente, busca-se uma morte em grande estilo, como a do personagem d'*O estrangeiro*. O grande estilo não é morrer, é morrer aclamado ou morrer lembrado: "Ele é inesquecível, portanto, faz sentido a sua morte". Aliás, o que dá sentido à morte de Meursault é a multidão, porque morrer sozinho, isolado como o árabe que ele assassinou, não teria nenhum significado.

Yves – Em relação a essa busca de fama, **Elizabeth Harkot de La Taille**, minha esposa, fez uma pesquisa em literatura a respeito de um aspecto que, penso, nos interessa aqui. Ela estudou as configurações do sentimento de vergonha em personagens de alguns contos ocidentais. Mediante tal pesquisa, ela pôde notar que em contos de algumas autoras canadenses da segunda metade do século XX, cujas histórias se passam em vilarejos, em pequenas cidades do interior, a vergonha aparece associada à fuga da norma. Por exemplo, é vergonhoso se vestir ou falar de forma diferente da tradicional. É a vergonha de parecer fora da norma daquele grupo. Em compensação, nos romances em que o enredo se desenrola nos grandes centros, como São Paulo, Quebec, entre outros, é diferente, o sentimento de vergonha tem outra origem. Suas ocorrências estão mais relacionadas (embora não seja uma questão de ausência ou presença) justamente com o anonimato. Em outras palavras, no vilarejo, sente-se vergonha por estar fora da norma daquela comunidade; na grande cidade, a vergonha vem de não ser percebido. Portanto, nesse contexto, sair da norma é uma forma de não ter vergonha, porque então o indivíduo é percebido.

Isso me faz lembrar do assassino de John Lennon...

Cortella – Mark Chapman, que queria ser lembrado.

Yves – E foi.

Cortella – É claro. E será lembrado por todos – a má lembrança, será difamado.

Yves – "Falem mal, mas falem de mim!". Voltando às conclusões da pesquisa, Elizabeth descobriu que acontece frequentemente de a vergonha experimentada por personagens dos grandes centros estar relacionada à ausência do que ela chama de valor extrapositivo. Por exemplo, não bastaria para eu não sentir vergonha ser um professor reconhecido, é preciso ser *o* melhor. Então, a busca se torna tirânica, entende? Não basta ser bom, é preciso ser único.

Cortella – Você tem de fazer pós-doc.* E vários. (*Risos*)

Yves – Sim, pós-doc em Fama. Esse tipo de dado mostra como hoje o anonimato, o não ser percebido, é o que causa vergonha. O que até faz sentido se a pessoa já não se sente fazendo parte de um grupo, integrada, se não existe mais um "nós". É como se ela precisasse não do outro como companheiro, mas sim como plateia, como alguém que a aplaude. E aí, voltando ao tema anterior, isso é fama e glória, não é honra. A honra pode ser exigida, mas a glória não. A glória e a fama são heterônomas. Eu não posso dizer "Me aplauda, me admire"; posso apenas esperar por isso. Então, me torno heterônomo, e acho que hoje vivemos mais no mundo da fama e da glória do que no mundo da honra.

Cortella – E daí surge uma das não virtudes, no meu entender, que é a vaidade. Não a vaidade como autorrespeito, autocuidado. A vaidade como vacuidade, como reflexo da tibieza de espírito – portanto, como reflexo da indigência

* Abreviatura de pós-doutorado. (N.E.)

mental. Aquela fugacidade na aparência e nas palavras... A vanglória. Em português, existe também o verbo: vangloriar-se de algo é exatamente ter uma glória vã, imerecida.

Yves – Quase contraditória, no entanto, é a dependência que o vaidoso tem do olhar alheio, do juízo dos outros.

Cortella – É o que se encontra no livro *Huis clos* (*Entre quatro paredes*, em português) de **Jean-Paul Sartre**. Uma das três personagens é uma mulher vaidosa, mas não existe espelho ali. No quarto fechado, o espelho é o outro – que não lhe diz nada. Ela pergunta: "Como estou?", e sente-se perdida. É lá que aparece a clássica frase "o inferno são os outros" – quando o outro não o reconhece e, portanto, não lhe confere identidade. Essa ideia do anonimato tem muito a ver também com a de glória, de procura de fama e, ao mesmo tempo, da diferenciação.

Yves – Dos ídolos.

Cortella – Isso, dos ídolos. A busca de sair da indiferenciação. Nesse sentido, acho que a sociedade hoje traz algo, que entendo como negativo do ponto de vista ético, que é a espetacularização da diferenciação. Ou seja, é preciso diferenciar-se sempre em grande estilo, portanto, de forma ostentatória, perdendo-se aí a simplicidade, que é um dos valores que considero fundamentais. Não é ser simplório, mas ser simples.

Yves – Ser elegante, uma sociedade ligada à elegância. A matemática tem muito disso.

Cortella – Sim, na matemática, quanto mais simples um teorema, mais belo é. Quanto mais bela uma equação, maior simplicidade ela carrega. Em filosofia também é assim. Hegel dizia: "Quem exagera o argumento prejudica a causa". Tudo o que é exagerado – aquilo que Descartes chamava de hiperbólico – traz uma descontinuidade. Berkeley, por sua vez, dizia que "ser é ser percebido". Você só é porque é percebido, se não é percebido não tem existência. Acho que isso é um dos fatores que contribui para essa espetacularização, que se reflete nos meios de comunicação, no desejo por fama, mesmo que ela seja fugaz.

Yves – E sem mérito...

Cortella – E sem mérito, que é a pessoa ser celebridade. Lembrando que "célebre" é aquele que fica inesquecível, por isso é celebrado. **Mircea Eliade** dizia que "o rito reforça o mito". Veja, as religiões, a pátria, a escola dependem de celebrações contínuas. A bandeira e o hino, por exemplo, são maneiras de fazer memória para construir História.

Yves – Ser póstumo, sobreviver a si próprio.

Cortella – Celebridade se opõe a fugacidade, à ideia do que é passageiro, efêmero. E como a pessoa precisa desesperadamente, de forma ansiosa, como jovem ou como adulto, destacar-se, isso, às vezes, leva a desvios de capacidade, de onde surge a deturpação atual do indivíduo que se torna famoso sem que haja a ideia de mérito, como você apontou.

Yves – Um mundo em que se enfraquecem as noções de mérito, de autorrespeito e de honra. Faz-se de tudo para ser uma pessoa conhecida. E essa busca de glória, de visibilidade é uma das características da sociedade atual. A ponto de, para tanto, fazerem-se concessões – como, por exemplo, se pode ver no programa *Big Brother*. Aliás, que nome, não é!? Estado totalitário, do dinheiro, da fama...

Cortella – Fama é dinheiro, hoje.

Yves – É verdade. Sabe, na França também existe um programa desse tipo que se chama *Loft story*. Algum tempo depois de sua transmissão, assisti a uma mesa-redonda em outro programa, com alguns dos ex-participantes do *Loft story*. Parte daquelas pessoas tinha conseguido manter minimamente os favores da mídia, mas outras, a maioria, haviam caído totalmente no esquecimento. Foi muito interessante vê-los discutindo como haviam sentido, vivido essa experiência. A maioria delas, na verdade, manifestava certo arrependimento. Mesmo os vencedores, pessoas que ficaram bastante tempo expostas, diziam algo como: "Quando a gente saiu, todo mundo pedia autógrafo. Depois, desaparece tudo. E isso dói".

Cortella – Porque não é glória reconhecida, nem mérito.

Yves – Isso. Não há mérito. Se, por exemplo, um músico faz um excelente disco, chega nas paradas mundiais, atinge um grande público etc., mas, depois disso, nunca mais consegue o mesmo êxito, a mesma repercussão, ele poderá pensar: "Tá bom. É uma pena, talvez eu não seja capaz de manter uma obra, mas pelo menos essa eu fiz". Porém, ser conhecido apenas por ter matado John Lennon... ou ter ficado exposto semanas na televisão... Voltamos, assim, ao nosso tema da ética. Duvido que isso consiga realmente compor, integrar um projeto de felicidade.

Cortella – Gostaria de comentar dois aspectos importantes sobre isso. Primeiro, que programas dessa natureza são uma expressão de mediocridade porque carregam um desejo desesperador de voyeurismo coletivo, que é, antes de mais nada, uma recusa a olhar-se. Portanto, uma dificuldade de autocontemplação e de meditação em uma sociedade que vive sob a égide da tacocracia e que vive em voz alta. Penso que viver em voz alta pode ser bom eventualmente, mas de modo contínuo impede que se medite, que o indivíduo se acautele, sopese e, ao mesmo tempo, que mature parte das reflexões e não crie atalhos de trajetória, como eu dizia antes. Segundo, é curioso que nesses programas – seja no Brasil, nos Estados Unidos ou na Europa –, não se veem livros nas casas em que as pessoas ficam fechadas.

Há uma cozinha bem montada, uma bela sala de ginástica, piscina, bons quartos e banheiros, mas não existe biblioteca.

Yves – Creio que nem discoteca, no sentido de conjunto de discos.

Cortella – Não há biblioteca, que seria um modo maravilhoso de ficar vários dias fechado num lugar. Aliás, um dos meus sonhos – e creio que de muita gente que gosta de leitura – é poder ficar quieto num lugar sem nada para fazer, apenas lendo. Porque o "sem nada para fazer" nos libera para fazer aquilo de que gostamos – viajar na história, na literatura, na estética.

Mas, enfim, eu fiquei sabendo, Yves, que, para participar de alguns desses programas, além de um contrato de confidencialidade, é necessário assinar um outro que determina o que pode ser levado para dentro da "casa". Entre os objetos, há um limite para os livros: só podem ser levados dois. Se alguém for pego com mais de dois livros, será desligado do programa. Ou seja, ali entende-se que o livro atrapalha a convivência, que é incompatível.

Yves – E, naquele contexto, deve ser mesmo.

Cortella – Mas devemos considerar o fato de que o programa é exemplar, ou seja, é visto por milhões de espectadores, tem altíssima audiência. Aquele ídolo eventual durante seis meses é alguém que não está com livro na mão. Ele é visto na piscina, num aparelho de musculação, mas não lendo!

Cortella – Para finalizar, gostaria ainda de comentar a questão da ética e dos valores como um conteúdo curricular. Sou avesso à ideia de componentes curriculares, com esse nome, no ensino fundamental e no ensino médio. Por exemplo, não acho que se deva ter um componente curricular chamado "Ética", assim como não sou favorável (nunca fui) à Educação Moral e Cívica. Acho que Educação Moral e Cívica – para usar um termo antigo – ou Ética é um conteúdo curricular que deve estar presente no bojo do projeto pedagógico da escola.

Yves – É transversal.

Cortella – Claro. E continuado. Ora, isso significa que a escola, para mim, tem o dever moral de tematizar a ética e os valores no conjunto das disciplinas.

Yves – E isso deve ocorrer no âmbito institucional, e não ser entendido como tarefa de cada professor separadamente.

Cortella – Exato. Esse deve ser um projeto pedagógico da escola. Creio que caminhamos de forma acelerada, na sociedade ocidental, para o colapso moral – em relação ao qual devemos nos acautelar –, de modo que se quisermos evitá-lo, ou ao menos adiá-lo, cabe à escola a tarefa (que não é exclusiva dela, nem é exclusiva de um ou outro professor) de lidar com esses temas de maneira exemplar como prática coletiva. Além disso, a escola precisa inquietar-se e inquietar os outros a respeito de vícios como o consumismo, o cinismo, o atalhamento do processo de vida, o desrespeito e assim por diante. Assim como ela precisa, claro, lidar com as virtudes, com as forças intrínsecas que emanam dignidade.

Yves – Concordo plenamente. Participei de uma reunião para discutir currículos no governo anterior, quando uma das demandas dos educadores era justamente esta: que a moral e a ética fizessem parte da tarefa explícita da escola. Não na forma de Educação Moral e Cívica, concordo com você – embora, veja bem, o nome dessa disciplina, Educação Moral e Cívica, seja correto. Educação moral e educação cívica não são a mesma coisa. Civismo é o espaço público, inclui o político e o jurídico, ao passo que a moral pertence ao espaço público mas também ao privado. De qualquer forma, concordo que não é uma matéria. Além do mais, acho que seria impossível, hoje, pensar em Educação Moral e Cívica como disciplina, pois, afinal, quem seria o docente? Quem teria legitimidade perante a sociedade e perante o próprio aluno para ser professor de Educação Moral? Assim, retomando, concordo que a escola deve trabalhar isso, mas insistiria num ponto: entre a moral (deveres, civilidade, regras) e a ética, acho que é urgente a escola ser um lugar de repercussão, ou melhor, espaço de reflexão sobre essa questão da vida que se quer viver, porque é essa falta de resposta que, no fundo, leva à incivilidade e à violência, entre outras coisas.

Esta reflexão me faz lembrar um episódio que aconteceu há alguns anos na creche que meu filho frequentava, havia uma menina, de uns cinco anos, que me disse um dia: "Meu pai comprou uma arma". Eu só consegui pronunciar um "Ah, é?". O que eu poderia dizer? Mas aquilo me fez imaginar que tenha acontecido o seguinte: o pai deve ter comprado e deve ter apresentado a arma à família com o maior orgulho, como alguma coisa que desse prestígio – daí porque ela viria me contar o fato. Eu não compraria uma arma, mas, se o tivesse feito por algum motivo, eu certamente a esconderia de meus filhos. Enfim, acredito firmemente que a violência hoje é decorrência da falta de sentido da vida ou ela mesma é o sentido.

Cortella – A violência é glorificada, né?

Yves – Sem dúvida. A escola precisa urgentemente assumir sua tarefa, pois é a única instituição que ainda tem legitimidade social para tanto, a única que, no fundo, diz respeito a todo mundo, visto que, em algum momento da vida, todo mundo é aluno ou professor, pai ou irmão de aluno... Ou seja, a escola ocupa um lugar central na sociedade, embora me pareça que ela tem abdicado de seu caráter de liderança.

Cortella – Por tudo isso, é tarefa inadiável. Começamos a nossa conversa pensando por que o tema das virtudes e dos valores veio à tona nos dias atuais. Você apontou inicialmente como, muitas vezes, ele surge mais na forma de queixa, pela ausência, do que observando-se a necessidade de sua discussão.

Como minha última intervenção, diria que não podemos deixar o tema de lado: é tarefa inadiável da escola lidar com a formação moral e ética dos cidadãos, lidar com o sentido da vida, sob pena de que, primeiro, deixemos apodrecer a cabeça – retomando a frase do padre Antonio Vieira – e, segundo, impeçamos a estruturação, a construção da dignidade coletiva.

Neste momento, vale lembrar o grande escritor francês que foi **François Rabelais** (não só como autor das aventuras de Gargantua e Pantagruel, que são livros extremamente atuais, pois vivemos hoje em uma sociedade pantagruélica, que nos devora tal qual a esfinge edipiana). Ele tem uma frase que acho terrível, e todas as vezes que vou conversar com professores sobre o tema de valores e ética e sobre essa tarefa que considero inadiável, repito essa frase dele: "Conheço muitos que não puderam quando deviam porque não quiseram quando podiam". Pois isso que ele escreveu no século XVI continua valendo, porque, no meu entender, o Renascimento ainda não terminou. Acho que a globalização é apenas o ápice do movimento da mundialização, que começa no século XV, XVI.

Então, repetindo: "Conheço muitos que não puderam quando deviam porque não quiseram quando podiam". Isso é terrível e urgente.

Yves – Concordo totalmente. Quem vai fazer isso? as empresas? Não. As religiões? Elas o farão para si. É a escola que ocupa um lugar central, apesar de que, infelizmente, ela tem se colocado hoje como uma instituição a reboque da sociedade. No começo do século XX, os grandes edificadores, as pessoas mais importantes da sociedade eram frequentemente educadores: **Freinet**, **Montessori**, Paulo Freire, aqui no Brasil, entre outros. Porém atualmente, a escola está tímida.

Cortella – É uma questão de honra que ela cumpra seu papel.

Yves – Sim, de honra e de responsabilidade. A escola é o espaço privilegiado das crianças durante anos; elas crescem lá dentro. Não se pode supor que só se vai ensinar uma parte dos conhecimentos, deixando de lado o civismo, a moral e a ética.

Cortella – Não é a tarefa só da escola, mas é uma tarefa prioritária da escola.

Yves – É perigoso fazer desse lugar um estacionamento de crianças e jovens.

Cortella – Conhecimento tem de ser ferramenta de liberdade coletiva.

Yves – Isso, ferramenta para um mundo melhor. Não apenas para a obtenção de um emprego, embora também para isso, evidentemente. A escola é uma instituição organizada por adultos, dirigida por adultos, pensada por adultos. Será que eles estão dispostos? Devem estar. É um dever deles, para eles próprios, aliás.

Cortella – Não podem não estar. Aliás, como estamos fechando a conversa, cito o Apocalipse, que é um bom livro para fechar nosso debate. No Apocalipse há uma frase assustadora que diz: "Deus vomitará os mornos". O pior castigo no Apocalipse é o vômito de Deus. Logo, "Deus vomitará os mornos", os que não são quentes nem frios – portanto, os que não têm honra.

Yves – Exatamente. Aqueles que não têm autorrespeito.

GLOSSÁRIO

Bennett, William (1943): Escritor americano, formou-se em filosofia e direito. Ex-secretário da Educação, é autor de ensaios sobre educação e patrimônio cultural.

Calligaris, Contardo (1948): De origem italiana, é psicanalista, doutor em psicologia clínica e ensaísta. Atualmente vive e clinica entre Boston e São Paulo, além de ser colunista do jornal *Folha de S. Paulo.*

Camus, Albert (1913-1960): Escritor argelino, é um dos representantes mais importantes do existencialismo francês. Filósofo, foi professor e jornalista. Algumas de suas obras mais conhecidas são: *O mito de Sísifo, A queda, O estrangeiro* e *A peste.*

Durkheim, Émile (1858-1917): Sociólogo e filósofo francês, suas principais obras são: *A divisão social do trabalho* (1893), *O suicídio* (1897) e *As formas elementares de vida religiosa* (1912).

Eliade, Mircea (1907-1986): Romeno, formou-se em filosofia pela Universidade de Bucareste (1928). Foi para a Índia, estudou sânscrito e as filosofias do sudeste asiático. Eliade adquiriu renome como professor de história das religiões, tendo lecionado em algumas universidades europeias e na Universidade de Chicago. É autor de *Tratado de história das religiões* (1949) e *O Sagrado e o profano* (1965).

Ferry, Luc (1951): Professor universitário, foi presidente do Conselho Nacional de Programas, encarregado de elaborar reformas para o ensino escolar na França. É autor de diversas obras, entre as quais *A nova ordem ecológica* (1992).

Freinet, Célestin (1896-1966): Educador francês, fundador de um novo modelo educacional que fazia oposição aos procedimentos clássicos de ensino. Atualmente, a pedagogia proposta por Freinet é seguida em mais de 43 países.

Giannetti, Eduardo (1957): Economista e cientista social, é professor de Economia das Faculdades Ibmec e palestrante. Algumas de suas obras recentes são *Auto-engano* (1997) e *Felicidade* (2002).

La Taille, Elizabeth Harkot de (1960): Professora associada da Faculdade de Comunicação e Filosofia da PUC/SP, é especialista em semiótica. Em 1999, publicou o livro *Ensaio semiótico sobre a vergonha* (Humanitas).

Lotman, Iuri (1922-1993): Semioticista russo, especialista em teoria da literatura, foi o criador do conceito de "semiosfera". Autor de vários livros, entre os quais *Estrutura do texto artístico* e *Cultura e explosão.*

Malraux, André (1901-1976): Figura de grande expressão do século XX, foi romancista, ensaísta, amante das artes e ministro da Cultura. É autor de uma obra significativa e provocadora, atenta às questões sociais e da arte. Alguns de seus livros são: *A condição humana* (1933), *O tempo do desprezo* (1935) e *A esperança* (1937).

Michelangelo (1475-1574): Pintor e escultor italiano, até hoje é considerado um dos mais talentosos artistas plásticos de todos os tempos, como outros de sua época, entre eles, Leonardo da Vinci, Rafael Sanzio e Giotto. Entre 1508 e 1512 pintou o teto da Capela Sistina no Vaticano.

Montessori, Maria (1870-1952): Médica e educadora italiana, desenvolveu um sistema de ensino que procura estimular o potencial criativo dos alunos, favorecendo a educação dos sentidos e a tomada de decisões.

Nietzsche, Friedrich (1844-1900): Filósofo alemão, elaborou críticas devastadoras sobre as concepções religiosas e éticas da vida, propondo uma reavaliação dos valores humanos. Algumas de suas obras mais conhecidas são *A gaia ciência* (1882), *Assim falou Zaratrusta* (1883), *Genealogia da moral* (1887) e *Ecce homo* (1888).

Rabelais, François (c. 1494-1553): Romancista francês que personifica o modelo do humanista do Renascimento, foi autor de obras satíricas como *Gargantua* e *Pantagruel*.

Ricoeur, Paul (1913-2005): Filósofo francês, um dos principais pensadores da hermenêutica (ou seja, a filosofia da interpretação), foi professor na Universidade de Estrasburgo, na Sorbonne e em Chicago. Publicou numerosos livros, entre os quais *Tempo e narrativa*, em três tomos.

Russell, Bertrand (1872-1970): Matemático e filósofo britânico, foi um dos mais influentes pensadores do século XX, conhecido por suas campanhas a favor da paz e do desarmamento. Crítico das instituições sociais opressoras, participou ativamente de movimentos pela defesa da liberdade humana. Prêmio Nobel de Literatura em 1950.

Sartre, Jean-Paul (1905-1980): Filósofo e escritor francês, foi um dos principais representantes do existencialismo. *Crítica da razão dialética*, *O ser e o nada* e *O muro* são algumas de suas obras mundialmente conhecidas.

Spielberg, Steven (1946): Cineasta americano mundialmente conhecido, dirigiu filmes como *Encurralado* (1971), *Tubarão* (1975),

Contatos imediatos de terceiro grau (1977), *E.T.* (1982), a série com o personagem Indiana Jones, *A lista de Schindler* (1993) e a refilmagem de *A guerra dos mundos* (2005).

Vázquez, Adolfo Sánchez (1915-2011): Filósofo, foi professor da Universidade Autônoma do México. É autor de *Ética*, *Filosofia da práxis* e *Entre a realidade e a utopia.*